保険ぎらい

「人生最大の資産リスク」対策

荻原博子
Ogiwara Hiroko

PHP新書

JN107925

この本を読む方へ

いままで他の本から学んだ
「生命保険」の知識はすべて忘れ、
白紙にしてから読み始めてください。
余計な知識があると、
「生命保険の本質」が、
見えづらくなるからです。
とくに、たくさん保険に入っている
「生命保険好き」な方には、
衝撃的な内容かもしれないので、
ご注意ください！

はじめに 「生命保険」を、シンプルに考える。

「『生命保険』は難しい」

と言われます。

けれど、それは皆さんが、そう思い込んでいるだけ。

生命保険の本質は、次のような「つる」と「かめ」の会話に集約されます。

「元気で長生きできれば嬉しいけど、そうなると払った保険料は掛け捨てになるの？」

「そう。皮肉にも、『生命保険』でたくさんお金がもらえるのは、入ってすぐに亡くなった方なんだ。不幸な目に遭《あ》わないと、あまりお金がもらえないのが

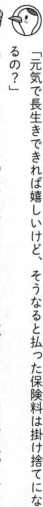

『生命保険』なのさ」

「じゃあ、千年も万年も元気で長生きする私たちには、必要ないね」

「元気で長生きする僕らが頼りにするのは、現金と年金。僕らより、保険会社のほうが先に逝《い》くかもしれないしね」

「生命保険」とは、死んだり、病気になった人に、お金が出るシステム。
ですから、**元気で病気1つしない人や、病気をしても貯金がしっかりある人には、「生命保険」は必要ありません。**

よく「保険はお守りがわり」と言いますが、「生命保険」に入ったところで、病気にならないわけではないし、死なないわけでもない。
「生命保険」には、病気で入院（通院）したり、死亡したらお金が出るという、お金の支払い機能しかありません。

それなのに、もっともらしい言葉で私たちを勧誘して、高い保険料を支払わせたり、いざ支払いとなると、じつは制限や条件が厳しいという保険も多いのです。

そこで本書では、そんな皆さんの知らない**保険の基本を説明するとともに、公共の制度をフル活用することで最低限必要な保険に入り、支払う保険料を削減する術《すべ》**を詳細にお伝えします。

第1章では、生命保険の基礎知識について。
第2章では、公的保障の活用について。
第3章では、入ってはいけない保険について。
第4章では、介護保険の節約術について。
第5章では、病院を有効に活用する方法について。

保険で難しいのは、じつは保険のシステムではなく「保険用語」です。

「生命保険ぎらい」の皆さんでも保険の本質を十分ご理解いただけるように、簡単な説明はしていますが、その仕組みについてはなるべく保険用語を使わずに、平易な言葉で書くように努めました。

「生命保険大好き」という人には、いま入っている保険を見直す際の参考になるでしょう。

家計に占める保険料の割合は増加する傾向にあります。つまり、保険料を節約すれば、老後も安心して暮らせます。

この1冊で、保険のすべてがわかると断言します。

本書が、皆さんの「保険は難しい」という先入観を払拭《ふっしょく》し、保険選択の際のお役に立てれば幸いです。

経済ジャーナリスト　荻原博子

保険ぎらい　**目次**

第1章

「よくわからない」では、保険会社の思うツボ！

意外と知らない「生命保険」の基礎知識

第2章 「生命保険」加入の前に、公的保険をチェック！

″超使える″公的保障フル活用術

第3章 「老後の不安」に付け込むセールスに騙されるな！

ケース別「入ってはいけない保険」

第4章 膨らむ介護費も公的保険でOK！
月数万円に抑えるマル秘テク

第5章 病院をとことん使い倒せ！

医療費を抑えるコツ大全

※本書で紹介した制度等に関する情報は、2019年12月時点のものであり、変更になる場合があります。

本文図版：桜井勝志（アミークス）

第1章

「よくわからない」では、保険会社の思うツボ！

意外と知らない「生命保険」の基礎知識

保険のイロハ

生命保険がわかりにくいのは、用語が難しいから

生命保険というと、多くの人が「専門用語が多くて難しい」「得するのか、損するのかわかりにくい」と言います。

「自分には、こんな複雑な仕組みを理解できそうにない」、だったら「専門家に相談してみよう」となりがちです。

けれど、「生命保険は難しい、わかりにくい」というのは、あなたの思い込みにすぎません。もしかしたら、そう思い込むように仕向けられている可能性もあります。

なぜなら、**生命保険の原理原則は、じつはシンプルだからです。とても合理的な金融商品ともいえます。**

そこで、まず本書では、「生命保険の仕組みは複雑」というあなたの思い込みを払拭することから始めましょう。

生命保険を「わかりにくい」と感じてしまうのは、生命保険で使われる専門用語に慣れていないからです。そのためほとんどの人が、理解するのを諦めてしまいます。

試しに生命保険に関する本を買って読んでみてください。

「定期保険」の説明から始まり、ページをめくり「終身保険」。続いて「養老保険」……とページが進むころには、たいてい、最初の「定期保険」の説明は忘れているでしょう。

なぜ、保険用語は難しいのでしょうか。

それには、3つの理由があります。

①実態のない「契約」を売るため、漏れのないように「完璧な言葉」で書かれてい

るため
②明治時代から続く制度なので、当時の言葉が多く使われているため
③誰もが理解できてしまうと、高い保険に加入する人が激減するため

それぞれ順番に説明していきます。

「保険＝難しい」理由①

漏れのない「完璧な言葉」で書かれているため

一番目の理由は、「①**実態のない『契約』を売るため、漏れのないように『完璧な言葉』で書かれているため**」です。

ここでまず、保険に入る目的は何か、考えてみてください。

保険は、魚や肉といった形のあるものではなく、先々起きる可能性がある経済危機といった形のないものに対処するために入ります。

たとえば魚は目に見えますから、こっちの魚は小さいから1匹100円、あっちは

大きいから1匹150円。どちらにしようかと見比べることができます。

しかし保険は、起きるか起きないかわからない、現時点では実体のない経済危機に備えてお金を支払う契約ですから、「○○だとA、△△だとB、××だとC……」と、あらゆる状況を想定しなくてはなりません。反論の余地がないほど、複雑で完璧な仕組みが求められます。

その内容は、**保険に加入する時に渡される「約款《やっかん》」**に書かれています。ところが、保険のエキスパートが専門知識を駆使して保険をつくるため、約款に書かれる内容も複雑になりがちです。多くの人がその内容を「難しい」と感じるのは当然でしょう。

本来なら、この「約款」をしっかり読んだうえで契約しなくてはいけないのですが、小さな文字でぎっしり説明が書かれているので、「よくわからない」とさじを投げて、「専門家にお任せ」となってしまう。

結果、毎月高い保険料を払っているのに、自分がイザという時にどんな保障を得られるかをしっかり把握していない、という人が大多数なのではないでしょうか。

「保険＝難しい」理由②

明治時代の言葉が多く使われているため

次に、「**②明治時代から続く制度なので、当時の言葉が多く使われているため**」ですが、これは生命保険のルーツを辿《たど》ると、その理由がわかります。

生命保険のルーツは、中世ヨーロッパで商人や職人たちがつくった「**ギルド**」という同業者組合にあります。病気やけがで仕事ができなくなったり、死んでしまった際に、親族や遺族が困らないようにみんなでお金を出し合ったものといわれています。

イザという時の助け合いのシステムですが、これを支える理論をつくったのはイギリスの天文学者のエドモンド・ハレー。彼は、生存者と死亡者の数から割り出した死亡率に基づく「生命表」を発案しました。

その後、イギリスの数学者ジェームズ・ドドソンは、支払う保険料ともらう保険金が公平になるような数理の考え方を導入し、保険の計算方法を構築しました。

これをもとに、1762年、世界で初めて近代的な保険会社として誕生したのが、**「エクイタブル生命（現在のアクサ生命）」**です。

その後、日本では、1867（慶応3）年に、**福沢諭吉が『西洋旅案内』で初めて生命保険を紹介**し、1881年に有限明治生命保険会社（現在の明治安田生命）が、数理を基にした近代的な保険事業を始めました。

つまり、日本の生命保険は明治時代にでき、それを保険に携わる専門の人が継承し、発展させてきたのですが、保険の専門家は明治時代につくられた用語をそのまま受け継いできたため、当時の専門用語がいまだに多く残っているのです。

たとえば、貯金にもなり保険金としても受け取れる**「養老保険」**。

「養老」というのは、老人をいたわり老後を安らかに暮らすという意味です。明治時代、有限明治生命保険会社が最初に「養老保険」を発売しました。

その後、1916年に国営事業としてスタートした簡易生命保険（現在のかんぽ生命）がこの商品を大々的に取り扱うと、日本人の勤倹貯蓄《きんけんちょちく》の精神にマッチして広く普及しました。

おそらく、**明治時代の人たちは、「養老」という言葉を聞いて、明るい老後を連想し、「この保険に入っておけば、老後も安心だ」と思ったのでしょう。**

けれど、いまの若い人は「養老」と言われても、保険のこととは思わず、「養老乃瀧のこと？」などと居酒屋チェーン店をイメージする人が多いのではないでしょうか。

生命保険業界では、「養老」は明治以来ずっと使われている言葉なので、保険のプロには何の違和感もありません。けれど、世の中が変わるなかで、すでに一般には通じにくい言葉になっています。

それでも、長い間使われてきた保険用語をいまさら変えるわけにもいきません。このような保険用語が、保険業界にはたくさん存在することになり、一般の人からは「難しい」と思われる原因になっているのです。

「保険＝難しい」理由③

保険加入者を減らさないため

最後は、「③誰もが理解できてしまうと、高い保険に加入する人が激減するため」。

誰もが生命保険の仕組みを簡単に理解できれば、保険のプロが必要ではなくなり、必要最低限の保険に入ることが可能になります。

それでは、保険会社は儲かりません。

日本では、「保険はプロが売るもの」という時代が長く続いてきました。その結果、いつの間にか、「プロに頼まないと、自分にあった保険には入れない」と刷り込まれてしまったのです。

55ページでも書いていますが、**じつは、生命保険は、条件が同じなら、保険料の安い商品が、一番いい商品**なのです。

ですから、どこの保険会社が安いかを比較したうえで入ればベストなのですが、多くの保険会社は、他社と比べることができないように、微妙に保険の条件を変えています。比べることができ、安い保険が一番いい保険だということが皆さんにわかってしまうと、全国民が最も保険料の安い保険に入ろうとするため、結果、薄利多売競争に巻き込まれてしまいます。

詳しくはのちほど説明しますので、ここでは、「**生命保険は、同じ条件なら、保険**

料の安い保険がいい」ということだけを、まずは覚えておいてください。

こう書くと、「名前も知らないような会社の、安い保険に入るのは不安だなあ」と思う方もいらっしゃるでしょう。

そこで、次項からは、なぜ「生命保険は、同じ条件なら、保険料の安い保険がいい」のか、その理由を解説していきます。

その前に、もう1つ。保険を「難しい」と思うのは、前述したように保険用語の難しさゆえですから、以降の解説では、難しい用語はいっさい使わず、保険の「原理原則」を大づかみに説明していきます。

Hiroko'sEye

「保険用語が難しい」のには理由がある。営業（セールス）パーソンから渡される難解なパンフレットや解説書をすべて理解しようと思わないこと。

保険の仕組み

生命保険は、命と健康を賭けた〝不幸クジ〟

生命保険は、ひと言でいえば、〝クジ〟のようなものです。

こう言うと、「変なことを言うやつだ」と不審に思われるかもしれません。


でも、これは事実です。

皆さんは、「保険＝困ったときに頼りになるが、複雑でわかりにくいもの」と思い込んでいるのです。

けれど、**生命保険が、命と健康を賭《か》けた〝クジ〟のようなものだということが理解できれば、誰もが「えっ、そんな簡単なことだったのか」と思うはず。**


〝クジ〟では、まずみんなからお金を集め、〝クジ〟に当たった人だけが、みんなから集めたお金をもらって終わります。外れた人には、払ったお金は返ってきません。

じつは以前、テレビで、「生命保険は〝宝クジ〟と同じ仕組み」と言ったら、生命保険協会の広報担当から抗議がありました。「生命保険を、当たったら嬉しい〝宝クジ〟と一緒にするとは何事か！」と言うのです。

そこで、生命保険協会の広報担当の方と2時間ほど話しました。

私の主張は、「みんなでお金を出し合って、その中で死んだり病気になった人が、みんなのお金をもらうのだから、〝クジ〟と同じでしょう」。

一方、生命保険協会広報部の主張は、「仕組みは同じかもしれないが、みんなが喜ぶ〝宝クジ〟と一緒にするのは、人の不幸を喜んでいるようなもので不謹慎《ふきんしん》だ」。

こんな調子で、あーでもないこーでもないと言い合いましたが、最後には私も折れて、「わかりました。私はもう絶対に、『生命保険は〝宝クジ〟と同じ仕組み』などとは言いません。**これからは、〝宝クジ〟でなく、生命保険は〝不幸クジ〟だと言います**」。

それで一件落着し、以来、私は「生命保険は〝不幸クジ〟」と言っています。

前置きが長くなりましたが、生命保険は、みんながお金（保険料）を支払い、その年に死んだり、入院（通院）した人がそのお金をもらいます。そして、また翌年には新しくみんなでお金（保険料）を支払い、〝不幸クジ〟を引きます。

〝不幸クジ〟を引くというのはたんなるたとえで、実際には不幸な目に遭うということですから、〝ババを引く〟と言い換えたほうがいいかもしれません。

ですから、**病気1つしない健康な人は、お金（保険料）は毎年支払うのに、お金（保険金や給付金）がもらえない**ということになります。

「生命保険」が普通の〝クジ〟とは違う点

仕組みは〝クジ〟と同じ生命保険ですが、一般的な〝クジ〟と大きく違うところが1つだけあります。

それは、普通の〝クジ〟には、年齢や男女別などの限定はありませんが、「生命保険」の〝クジ〟は、**同じ年齢、同じ性別でグループをつくり、そのグループに入った**

人たちで〝クジ〟を引きます。

なぜ、そうするのかといえば、同じ年齢、同じ性別でグループをつくらないと、不公平になるからです。

年齢が違えば、死亡する確率は変わります。

30歳の人と60歳の人では、どちらが死亡する確率が高いでしょうか？

誰が考えても、60歳の人ですよね。

死亡する確率、つまり生命保険の〝クジ〟に当たる確率は、高齢者になるほど高まるため、同じ1000万円の死亡保険金をもらうのに、若者と高齢者が一緒のグループでは不公平になります。

次に性別の違いです。

男性と女性では、どちらが長生きする可能性が高いでしょうか？

2018年の日本人の平均寿命は、女性が87・32歳、男性が81・25歳で、**平均寿命**

で見ると、なんと約6年も女性のほうが長生きします。

同じ年齢でも、長生きする可能性が高い女性と、約6年も平均寿命が短い男性が、同じグループになって生命保険の〝クジ〟を引くというのは、どうしても不公平になります。

ですから、生命保険では、年齢が同じ同性同士でグループをつくって〝クジ〟を引くのです。

Hiroko'sEye

生命保険は、当たった人しかお金がもらえない〝クジ〟と一緒。ただし、同じ年齢、同じ性別の人とグループをつくり、クジを引く。

保険のリターン

生命保険には、たった2つの「保障」しかない

では、生命保険の〝不幸クジ〟において、〝クジ〟を引き当てたらどうなるのでしょうか。

複雑そうに見える生命保険ですが、じつはこの〝不幸クジ〟を引き当てて得られるもの（保障）は、たった2つだけです。

その2つとは、**「死亡保障」と「入院（通院）保障」**です。

①「死亡保障」とは、〝不幸クジ〟に当たった（死亡した）時に、**残された家族が経済的に困らないように出る保険金**です。

②「入院（通院）保障」とは、怪我や病気で入院（通院）して、**治療費が足りなくなってしまうことを防ぐために出る給付金**です。

■1-1 生命保険を構成する保険料

貯蓄型 （48ページで解説）

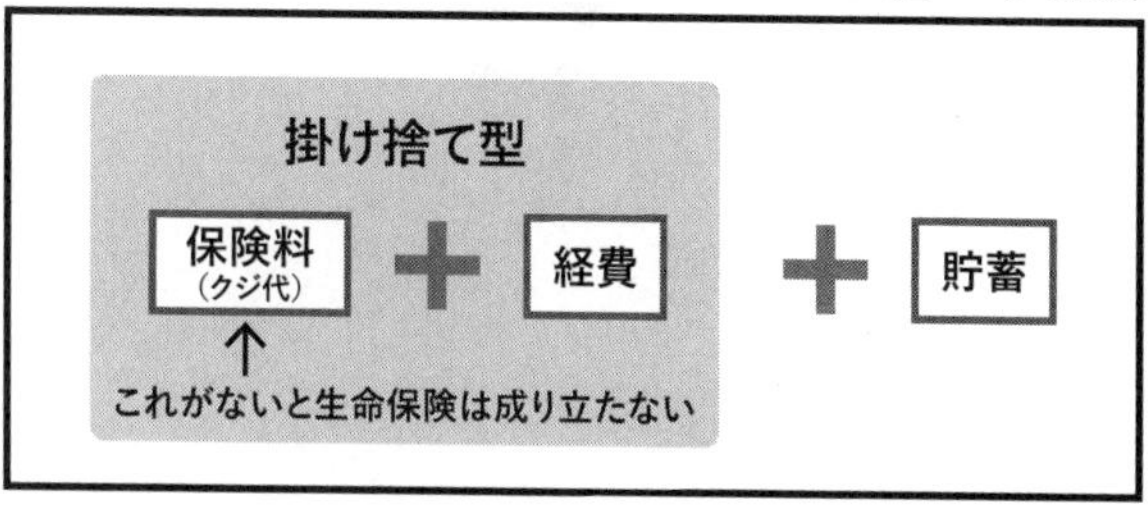

それぞれの保障のみが付いている保険もあれば、2つの保障がセットになって1つの保険に付いているケースもあります。

ただ、どちらの保障も付いていないと、生命保険という〝不幸クジ〟は成り立ちません(上図1−1)。

この2つの保障は、どちらも**「掛け捨て」**です。

生命保険の基本は、死んだ時にお金が出る「クジ」か、病気になった時にお金が出る「クジ」を買うということ。「クジ」そのものは、自分が当たらなければもらえませんから、当たらない限りは「クジ代」にあてる保険料は、掛け捨てになります。

そして、生命保険は、必ず死んだ時にお金が出る

「クジ」か、病気になった時にお金が出る「クジ」、もしくは両方が付いていないと成立しません。ですから、「掛け捨ての保障はイヤ」という人は、生命保険には入れません。

「でも、私の保険は掛け捨てではない」という人に向けては、48ページで説明します。ここまで理解できたところで、まずは「死亡保障」から見ていきましょう。

保障① 死亡保障

死亡保障の〝クジ代（保険料）〟は、「**生命表**」という、日本人が死亡する確率から算出されます。

「生命表」とは、年齢別、男女別になっていて、日本人が、どの年齢で何人死ぬかという統計を表にしたものです。この生命表をもとに、その死亡率にあわせて、年齢別、男女別に保険料を算出しています。

では、「生命表」の見方をご説明します。

「生命表」では、10万人がオギャーと生まれたら、そのうち毎年何人ずつ死んでいくかがわかります。

たとえば平成30年の簡易生命表によると30歳の男性の場合、10万人のうち、０歳から29歳までのあいだに亡くなるのは９５４人で、生き残っているのは9万９０４６人。この９万９０４６人のうち、１年間に亡くなる方は54人です（次ページ表１－２参照）。

ですから、９万９０４６人から年間１人１万円の〝クジ代（保険料）〟として集めた９億９０４６万円を、その年に〝不幸クジ〟に当たってしまって亡くなった54人に保険金として渡すとすれば、**１人約１８００万円**になります（実際には、保険会社の経費を差し引くので、もっと少なくなります）。

では、これが60歳男性のグループだとどうなるでしょう？

60歳まで生き残っている人は９万３１４４人。このうちの６０６人が、その年に亡

■1-2　日本人男性の年齢別生存数・死亡数

年齢	生存数	死亡数
0才	100,000人	196人
5才	99,735人	10人
10才	99,697人	7人
15才	99,648人	16人
20才	99,524人	40人
25才	99,295人	49人
30才	99,046人	54人
35才	98,749人	67人
40才	98,371人	93人
45才	97,815人	146人
50才	96,923人	237人

年齢	生存数	死亡数
55才	95,451人	383人
60才	93,144人	606人
65才	89,507人	937人
70才	83,869人	1,422人
75才	75,586人	2,048人
80才	63,835人	2,914人
85才	47,086人	3,961人
90才	26,483人	3,928人
95才	9,624人	2,337人
100才	1,666人	637人

厚生労働省「平成30年簡易生命表（男）」をもとに作成

くなりますから、年間１人１万円の保険料を徴収し、これを６０６人で分けるとすれば、保険金は**１人約１５０万円**になります。

もし、60歳で亡くなる人が、30歳で亡くなる人と同じ１人約１８００万円をもらうとしたら、60歳のグループに入っている人からは、12倍の１人年間12万円の保険料を徴収しなくてはなりません。

人間は、年を取るほど死亡率が上がります。年齢を重ねるほど生命保険の保険料が高くなるのは、こうした数理に基づいたものなのです。

「生命表」には、毎年10月1日現在の推計人口から出される「簡易生命表」と、5年に一度の国勢調査を元に出される「完全生命表」があります。

日本人がどれだけ死ぬかという数字がそれほど大きく変わるわけではないので、ここでは計算に最新の「簡易生命表」を用いました。

生命保険の保険料が一定期間上がらないワケ

生命保険は、命をかけた1年ごとの〝不幸クジ（死亡保障）〟であり、その〝クジ代（保険料）〟が、1年ごとに高くなる理由がおわかりいただけたでしょうか。

こう書くと、ほとんどの人が「でも、私が入っている保険は、保険料が10年間は変わらない」と思うでしょう。

それには、〝からくり〟があります。

じつは、**保険料は毎年上がっていますが、毎年保険料が上がっていくと、加入しているほうも徴収するほうも面倒なので、10年満期の保険に入っている人の保険料は10**

年間変わらないように、毎月の保険料が設定されているからです。

加入した当初は月1万円だった保険料が年々高くなって、10年目は月4万円になってしまうと言われたら、どうでしょう。支払い額が増えていくことに負担を感じ、〝クジ〟を買うのをやめる人も出てきてしまいます。

だとしたら、加入中の10年間の保険料を月2万円と据え置きにしたほうが、負担感が薄らぎます。保険料自体は毎年アップしていきますが、それを10年でならして、月2万円ずつ徴収していく。すると、加入してしばらくは多めに徴収されますが、年を取るほど割安になります（「平準保険料」といいます）。

ただし、注意が必要です。

10年経ち、同じ保険に再加入しようとすると、その途端に、支払う保険料はグンと上がります。

生命保険を更新すると、保険料が高くなるのは、徴収方法がこうした仕組みになっているからです。

■1-3　更新するたび、毎月の保険料は上がる

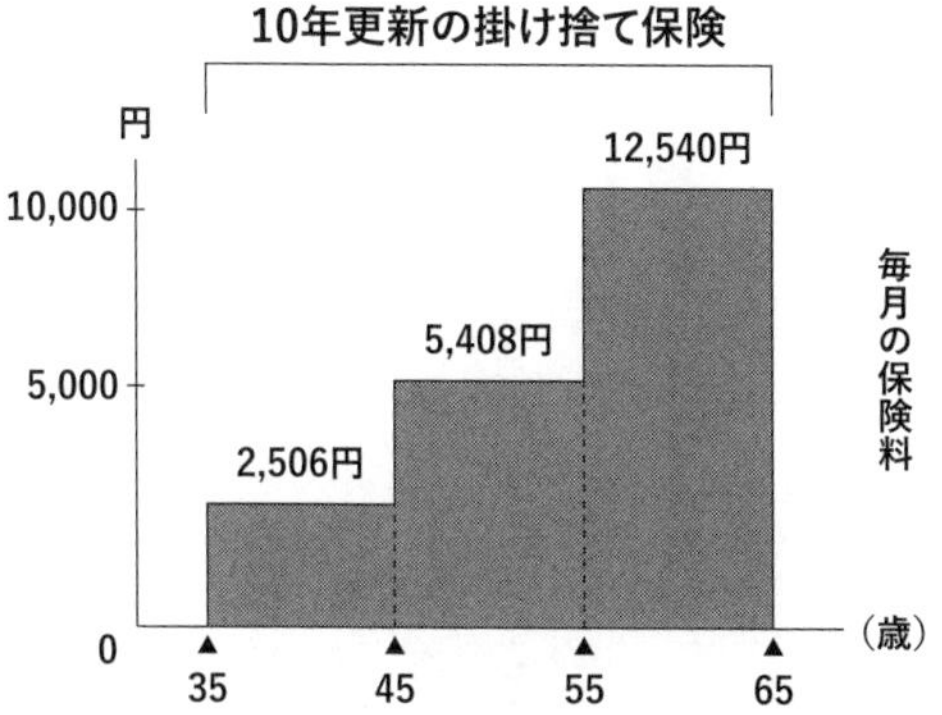

ライフネット生命の「保険料見積り」で試算

たとえば、35歳の男性が、死んだら2000万円の保障が出る「10年更新の掛け捨て型保険」に加入したとします。

この場合、35歳から10年間の保険料は、月2506円。45歳でさらに10年間の更新をすると、月5408円。さらに55歳で10年間の更新をすると、月1万2540円と高くなります。

ちなみに、あまり現実的ではありませんが、さらに65歳になり、この2000万円の保障をさらに10年間更新して75歳まで加入するとすれば、保険料は月3万28円に跳ね上がります（上図1－3参照）。

保障②

入院（通院）保障

次に、「入院（通院）保障」を見てみましょう。

「入院（通院）保障」も、仕組みは「死亡保障」と同じ。年齢別、男女別でグループをつくった、1年ごとの掛け捨ての〝クジ〟です。

この〝クジ〟で、使われているのは、厚生労働省の「患者調査」から作成される「**受療率**」です。**10万人あたり、どれだけの人が入院や通院をするかを年齢別、男女別で表にしたもの**です。

男性の場合、20～24歳で年間に入院する人は、10万人中134人ですが、60代になると1000人を超え、70代になると2000人を超えます（44ページ表1－4参照）。年齢が高くなるほど保険料が上がるのは、入院する確率が高くなるからです。

ちなみに、女性の入院が20～39歳までのあいだ、男性にくらべて多いのは、出産で入院するケースが多いからです。

入院（通院）保障の保険料の場合は、こうしたざっくりしたデータだけではなく、病気ごとの入院数などいくつかのデータを組み合わせ、保険料が算出されています。

現在は、入院する期間そのものが短くなっていて、がんで手術しても１週間後には退院するケースも増えています。逆に、精神疾患の場合には、入院が長引くケースも多くなっています。このようなモデルケースをもとに、入院（通院）保障の保険料は算出されているのです。

入院（通院）保障に付加されている「通院保障」の大部分は、入院後の通院に対して付いているため、給付されるのは基本的には入院後の通院時です（最近は、入院なしの通院だけでもオーケーという保険もあります）。

Hiroko'sEye

生命保険には、「死んだ時」と「病気や怪我で入院（通院）した時」の、２つの保障しかない。２つの保障は、どちらも掛け捨ての〝不幸クジ〟。どんなにたくさん掛けても、〝クジ〟に当たった時しかもらえない。

■1-4　性・年齢階級別にみた受療率（人口10万対）

平成 29 年 10 月

年齢階級	入院			外来		
	総数	男	女	総数	男	女
総　　数	1,036	972	1,096	5,675	4,953	6,360
0　　歳	1,167	1,208	1,124	7,276	7,439	7,105
1 ～ 4	169	191	146	6,517	6,670	6,354
5 ～ 9	86	94	77	4,377	4,495	4,253
10 ～ 14	94	100	86	2,764	2,899	2,623
15 ～ 19	113	116	110	1,923	1,734	2,123
20 ～ 24	158	134	182	2,108	1,599	2,648
25 ～ 29	235	159	314	2,751	1,882	3,663
30 ～ 34	291	199	385	3,104	2,104	4,138
35 ～ 39	296	248	346	3,203	2,260	4,173
40 ～ 44	311	327	296	3,362	2,668	4,075
45 ～ 49	398	442	354	3,782	3,072	4,507
50 ～ 54	552	628	475	4,481	3,802	5,167
55 ～ 59	758	888	628	5,233	4,464	5,998
60 ～ 64	997	1,188	811	6,279	5,710	6,832
65 ～ 69	1,305	1,560	1,067	7,824	7,297	8,317
70 ～ 74	1,712	2,002	1,457	10,174	9,661	10,626
75 ～ 79	2,448	2,715	2,233	12,123	11,764	12,410
80 ～ 84	3,633	3,818	3,505	12,551	12,745	12,414
85 ～ 89	5,326	5,409	5,285	11,608	12,075	11,368
90歳以上	7,815	7,433	7,936	9,968	10,339	9,850
（再掲）						
65歳以上	2,734	2,699	2,760	10,369	9,977	10,670
75歳以上	3,997	3,868	4,080	11,899	12,023	11,820

注：総数には、年齢不詳を含む。

出典：平成 29 年患者調査（厚生労働省）

保険の配当

〝クジ〟の該当者がいなかったら、外れた人で〝山分け〟する

生命保険は、自分の命や健康をかけた〝不幸クジ〟だということは、ご理解いただけたことでしょう。

ただ、ここで１つ、疑問が残ります。

普通の〝クジ〟なら、必ず当選者が出ます。

しかし生命保険の場合には、**死んだり病気で入院（通院）する人がゼロだったら、〝クジ〟の当選者はいない**ことになります。

その場合、みんなから集めた〝クジ代〟は、どうなるのでしょうか。

保険会社では生命表を使い、30歳の男性のグループでは、年間54人が亡くなるという前提で保険料を集めていますが、人の寿命はわからないので、実際には50人しか亡くならなかったということも往々にして起こります。

そうすると、4人分の保険金はもらい手がいないことになります。

じつは、この4人分の死亡保険金は、取りすぎたお金として、保険金を支払った人全員に戻されます。

これを、**生命保険の「配当（この場合は死差配当）」**と言います。

生命保険には、3つの配当があります。

①死亡する人が少なかった時に、徴収しすぎた〝不幸クジ代（保険料）〟から各人に戻される**死差配当**。

②保険の募集やコンピュータ管理、事務手数料などで、予定より経費がかからなかった時に戻す**費差配当**。

③預かったお金（保険料）の運用が思いのほかうまくいって、利益が出た時に戻す**利差配当**。

保険用語では、この3つの配当をまとめて「三利源」と言いますが、これらの言葉は、皆さんは覚えなくても大丈夫。保険は、数理で計算された世界なので、**数理面でのごまかしはない**ということだけ覚えておきましょう。

では、逆に、想定以上に多くの加入者が亡くなったら、どうなるでしょうか。

生命保険では、基本的には戦争その他の動乱、地震、噴火、台風または津波などで多くの人が亡くなると、保険金や給付金の全額または一部が免責になることがあります。

ただし、予定された死亡率よりも実際の死亡率が高くなることを充分に想定し、たくさん保険金を払わなくてはならない事態に備え、あらかじめお金を積み立てています（「危険準備金」といいます）。

ですから、保険会社はこうした準備金等を活用し、いままで地震や津波など自然災害で亡くなった方にも、しっかり保険金が出るような手当てをしてきました。

Hiroko'sEye

保険は数理計算がきっちりしているので、余剰のお金が出たら、戻してもらえる。

貯蓄型の保険

保険で貯蓄できると思うな！

生命保険の2つの〝不幸クジ〟である「死亡保障」と「入院（通院）保障」は、1年ごとの掛け捨ての〝クジ〟だということは、おわかりいただけたでしょうか。

でも、「掛け捨て」と聞いて、「そんなことはない、私の保険は掛け捨てではなく貯金にもなります」と言う方がいます。

たしかに、貯金のかわりに保険に入っている人もいます。こうした保険は**「貯蓄型の保険」**と言いますが、この保険の仕組みはどうなっているのでしょうか。

簡単にいえば、**「貯蓄型の保険」は、掛け捨ての〝不幸クジ〟である「死亡保障」や「入院（通院）保障」に、貯金を付けたもの**と考えればいいでしょう（35ページ図1－1）。

生命保険の「死亡保障」や「入院（通院）保障」は掛け捨てですが、この2つの掛

■1-5　「貯蓄型の保険」と「掛け捨て型の保険」

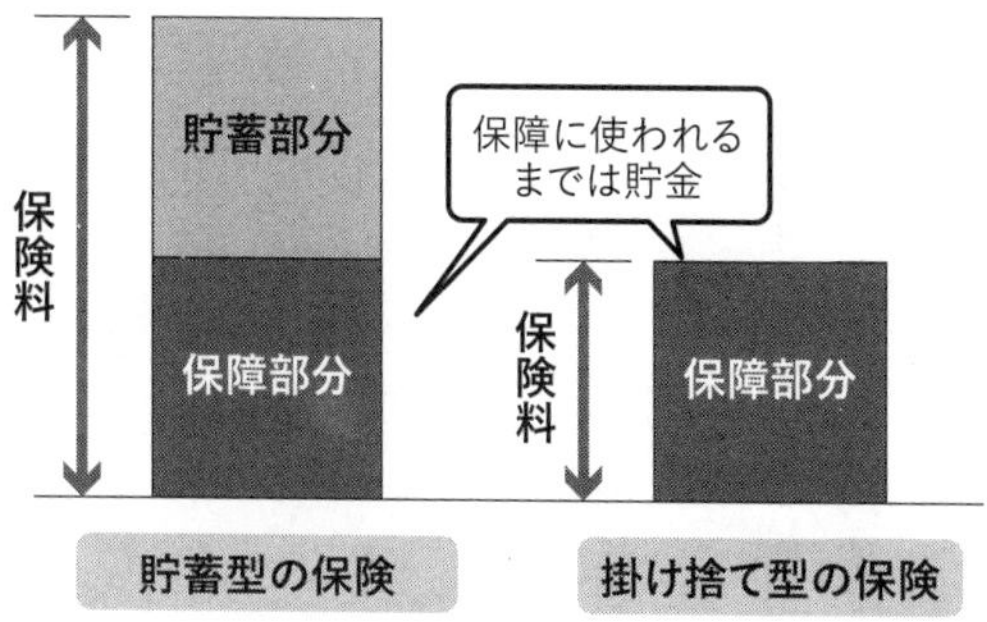

※実際には、ここに保険会社の経費が上乗せされます。

け捨ての〝クジ代（保険料）〟とは別に、支払った保険料を貯金する機能がくっ付いているのが「貯蓄型の保険」です。

39ページでも書いたように、ほとんどの生命保険では、毎月の保険料が加入期間中を通して変わりません。つまり前半は本来の保険料よりも多く徴収し、後半の保険料の値上がり分に充《あ》てています。この、前半で多く徴収されたお金も、いずれ保障に使われるまでは、貯金として運用されます。

「貯蓄型の保険」の場合は、その貯蓄部分をさらに増やして、保険期間満了後に、満期保険金として支払われるのです。

ただし、「死亡保障」や「入院（通院）保

障」といった掛け捨ての保障がないものは、「貯蓄型の保険」として成り立ちません。

掛け捨ての〝不幸クジ〟に貯金を付けた「貯蓄型の保険」は、貯金としての積立もするので、当然ながら、その分だけ保険料は高くなります（前ページ図1－5参照）。

「早く払い込む」と「一生涯払い続ける」、どちらが得か

なお、ここまで説明してきたのは保障期間が限られている保険（「定期保険」など）ですが、生命保険では、一生涯保障が続くものもあります。

たとえば、死んだ時の死亡保障や医療保障が一生涯続く保険（「終身保険」や「終身医療保険」）の場合、

Ⓐ一生涯保険料を支払い続けるタイプ

Ⓑ60歳（仮）までに一生涯分の保険料を払い終えてしまうタイプ（60歳払い済み）

という2つの方法があります。

ここでよく尋ねられるのが、「早く払い込む」のと「一生涯払い続ける」のと、ど

■1-6　終身保険の2つのタイプ

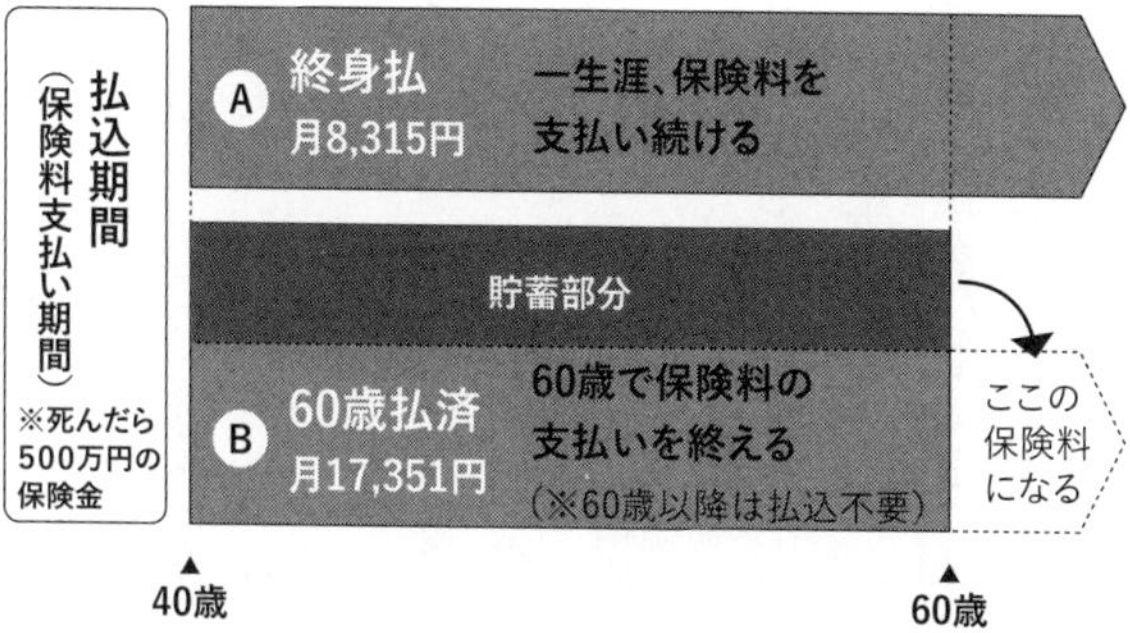

ちらが得か、です。

じつは、Ⓑタイプのほうが、毎月の保険料は高くなります。

なぜなら、Ⓐタイプは、一生涯の掛け捨てなのに対し、Ⓑタイプは、一生涯に支払う〝不幸クジ〟代を60歳までに収めるので、その分が貯蓄になっているからです（上図1－6参照）。

某保険会社の商品を例に挙げて説明しましょう。

40歳の男性が、死んだら500万円の保険金が支払われる保険（終身保険）に加入したとします。この場合、Ⓑタイプ（60歳払い済み）なら、保険料は月1万7351円。けれど、Ⓐタイプだと、月8315円ですみます。

人にもよりますし、何歳まで生きるかは誰もわかりませんが、**安い保険料で、一生涯支払い続けたほうがいい**のではないでしょうか。

これから保険に入るなら「掛け捨て」がおすすめ

では、これから保険に入るなら、「掛け捨て型の保険」と「貯蓄型の保険」のどちらがいいでしょうか。

よく聞かれる質問ですが、ズバリ言うと、**「貯蓄型の保険」はやめたほうがいい。**

どうしてでしょうか。

生命保険は、加入時の運用利回り（**予定利率**）**が、最後まで続きます。**そして、その運用利回りは、加入のタイミングによって、次ページの図1－7のように変わっています。

■1-7　運用利回り（予定利率）の変化

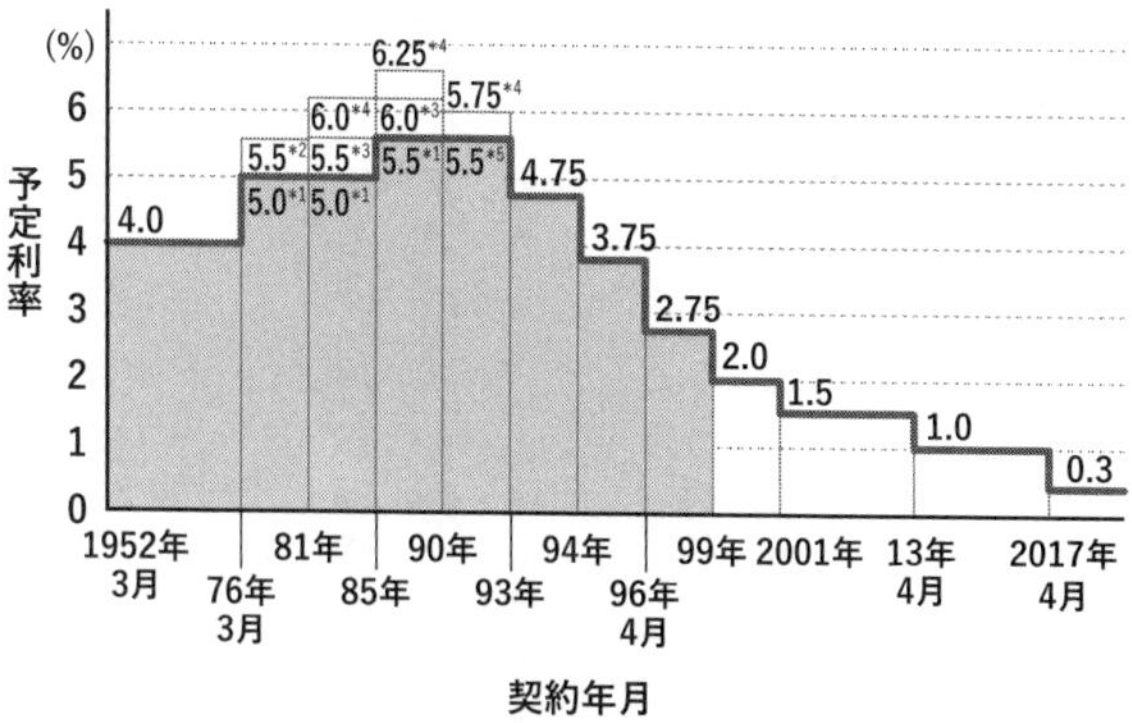

（注）保険期間によって予定利率が異なる期間あり。nを保険期間とすると、*1：20年<n、*2：n≦20年、*3：10年<n≦20年、*4：n≦10年、*5：10年<n。一時払い商品を除く。1996年4月以降は標準利率。

バブルの時の１９９０年に保険に入った人の運用利回りは、現在の超低金利のなかでも高利率の５・５％で運用されています。ですから、ずっと入り続けていれば、貯蓄部分は高い運用利回りが継続してどんどん増えていきます。

一方、**これから「貯蓄型の保険」に加入する人の運用利回りはどれくらいかといえば、０・３％前後。**しかも、もしこれから世の中の金利が２％、３％と上がっていったとしても、保険の貯蓄部分の運用利回りは０・３％前後のまま最後まで上がりません。

つまり、これから「貯蓄型の保険」に入る人は、「貯蓄部分」は低金利のまま運用されるので、その分だけ保険料が割高になります。

それだったら、「掛け捨て型の保険」を選んだほうが、損をしないかもしれません。

注意してほしいのは、**運用利回りが高いタイミングで「貯蓄型の保険」に入っている人は、できれば保険を解約しないこと**。「終身保険」などは、保険料の払い込みが終わった後も同じ金利のまま運用されるので、ずっと増え続けます。

Hiroko'sEye

運用利回り（予定利率）が低すぎるいまは、「掛け捨て型の保険」を選んだほうがベター。逆に、運用利回りが高い頃に加入した保険は、できれば解約しないこと。

保険料のからくり

迷わず保険料が一番安い会社を選べ

ここまで読み進めた方は、生命保険の保障は2つだけ。「死亡保障」と「入院（通院）保障」で、これは1年ごとの掛け捨ての〝不幸クジ〟。ここに、貯金をつけたのが貯蓄型の保険だということはご理解いただけたのではないでしょうか。

そして、生命保険の2つの保障については、日本人の死亡率や受診率から計算していることもわかったと思います。

ここで、1つの疑問が浮かびます。

各保険会社が同じ日本人の平均データを使って保険を設計しているということは、同じ物差しを使って保険をつくっているということ。それなら、**どうして同じ保障の保険でも、保険会社によって保険料が違うのでしょうか。**

■1-8　同じ保障でも保険会社によって保険料は違う

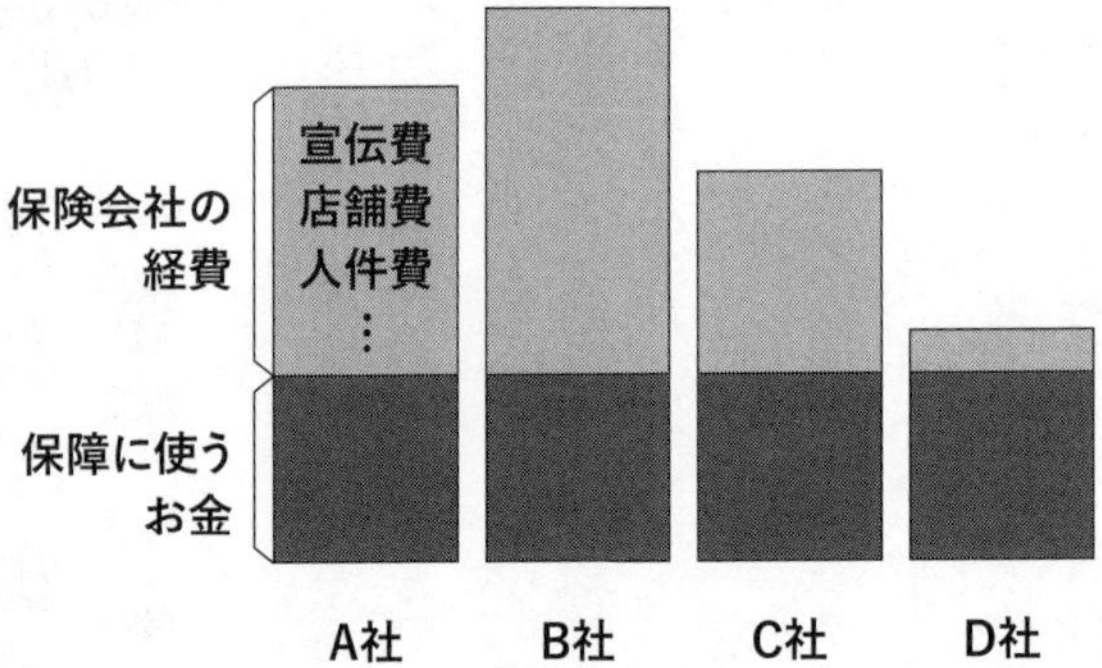

理由は、簡単。

保険の保障にあたる掛け捨ての〝クジ代〟はどこも同じですが、**保険の販売や維持などにかかる経費が、会社によって違う**からです。

保険会社はボランティアをしているわけではないので、保険の募集はもちろん、維持・管理にもお金がかかります。その分は、皆さんが払う保険料にしっかり上乗せされています。

一般的に、「死亡保障」や「入院（通院）保障」「貯蓄部分」は「**保障（貯金）に使うお金**（＝純保険料）」、保険募集の費用や維持管理費などは「**保険会社の経費**（＝付加保険料）」です（上図1－8参照）。

つまり、生命保険の〝不幸クジ〟の原価（純保険料）は、どの保険会社でもみんな同じだけれど、保険の募集や維持費（付加保険料）がみんな違うので、同じ保障のついた保険でも保険料は変わってくるということです。

冷蔵庫にたとえると、わかりやすいでしょう。

同じメーカーのまったく同じ型番の冷蔵庫を、近所の電気店で買うのとビックカメラのような量販店で買うのとでは値段が違う。そんなイメージです。

営業パーソンの９割は、マージンのために訪問する

「同じ冷蔵庫を買うにも、近所の電気店で買ったほうが、アフターフォローもしっかりしていて親切でしょう？」と言う方もいるでしょう。

けれど、残念ながら、その冷蔵庫が壊れたら、修理してくれるのは、いまはほとんどが買ったお店ではなくメーカーです。商品にもよりますが、買った店ではほとんど修理できません。

「生命保険は冷蔵庫とは違う。営業担当者がしっかりアフターフォローをしてくれるから、有名な会社がいいに決まっている」と思い込んでいる方も多いでしょう。

けれど、**生命保険はそもそも、アフターフォローがない商品**です。

生命保険の保障は2つ、「死亡保障」と「入院（通院）保障」ですが、加入後に生命保険会社から、「お亡くなりになりましたか？」とか「入院されましたか？」と、定期的に聞いてくれるわけではありません。

加入者が死亡したら、家族が医師に死亡診断書を出してもらい、必要書類を揃えて、生命保険会社に死亡保険金をくださいと申請する。病気で入院したら、病院から入院証明書など（保険会社によって異なる）をもらって保険会社に給付金をくださいと申請する。

こちらから連絡して書類もそろえる。保険会社がやってくれるわけではありません。**自分で申請しないとお金が出ないのですから、アフターフォローはないも同然**です。

「でも、私の営業担当者は、3年に一度はやってきて、ライフスタイルに合わせて保険を見直してくれますよ」と言う方もいます。

もちろん、世の中には、他人の家のことを心から心配してくれる超親切な保険の営業パーソンもいるかもしれません。

ただ、保険の営業パーソンの9割は、自分の成績のためにやってきます。なぜなら、**保険で獲得したマージン（手数料）は、一定期間支払われて終わるケースが多い。けれど、再び新しい保険に加入させると、新規契約のマージンが発生する**からです。


もうおわかりでしょう。

生命保険はアフターフォローのない商品なのですから、わざわざ保険料が高い保険会社を選んで加入する必要はないのです。

たとえば、死亡時に1000万円が支払われるという、全く同じ保険が2つあったとします。保険料は、それぞれ月々1万円と月々7000円。その差額は56ページの図1－8で示したように保険会社の経費です。

この3000円の差は、もし加入してから10年間生きていたとすれば36万円、20年間生きていたら72万円の差、30年間生きていたら108万円の保険料の差になります。

どちらも死亡時には保険金は1000万円で、死亡診断書を取り寄せて保険会社に保険金を請求しなくてはならないとしたら、あなたはどちらの保険を選びますか？

やはり7000円の保険を選ぶのではないでしょうか。

保険会社が倒産しても引き継がれる「掛け捨て保険」

これだけ説明しても、やっぱり無名の保険会社は不安という方もいるでしょう。

けれど、保険会社の**規模の大小や知名度は保険金を受け取る時は関係ありません。**

それよりも大事なのは、その保険会社が自分より先に死んだ（倒産した）後の対応です。

生命保険会社は、イザという時（倒産した時）のために、加入者への被害を最小限にするため、金融庁の設定する積立（責任準備金）をしています。しかも、日本国内のすべての保険会社は、生命保険契約者保護機構に加入しているので、保険会社が破綻しても、加入者の保険はしっかりと別の会社に引き継がれることになっています。

ですから、規模が小さくて知名度がない保険会社でも、心配無用です。

ただし、加入していた保険会社が破綻して、別の会社に引き継いでもらう場合に、1つだけ、皆さんにとって不利なことが起こります。

それは、**保険の貯金部分が削られる**こと。

何度も説明した通り、皆さんが加入している生命保険は、〝不幸クジ〟という「掛け捨て型の保険」が基本ですが、そこに貯金をプラスした「貯蓄型の保険」もあります。「掛け捨て型の保険」は、保険会社が倒産しても、同額の〝クジ代〟で他社に引き継がれます。

けれど、「貯蓄型の保険」は部分的に削られてしまいます。

いまから20年以上前の1997年に、『生命保険は掛け捨てにしなさい！』（ダイヤモンド社）という本を出しました。

なぜ、そんな本を出したのかというと、当時、日産生命や千代田生命など、保険会社の倒産が相次いでいたからです。

そして、**保険会社が倒産しても、ほとんど無傷で引き継がれるのが、「掛け捨て型の保険」**だからです。さらに、保険の運用利回りも低下し始めていたので、帯にも**〝「保険で貯金」はやめましょう！〟**と入れてもらいました。

いまでこそ、「保険は掛け捨て」というのはあたりまえになっていますが、当時はかなりセンセーショナルで、そんなことを言っているのは私だけだったため、保険会社からも大バッシングを受けました。

けれど、その考え方は、いまも変わりません。

それどころか、低金利のいま、貯蓄型の保険に入っても、貯蓄部分はほぼ増えないのですから、より大きな声で「〝保険で貯金〟はやめましょう！」と強調したいくらいです。

Hiroko'sEye

生命保険は、アフターフォローのない商品。だとしたら、これから選ぶべきは、保険料が安い保険。

第1章を読み終えた皆さんは、難しい保険用語はわからないままでも、生命保険の本質は理解していただけたのではないかと思います。

ここまでのポイントを整理すると、次のようになります。

- 生命保険には、「死んだ時」と「病気や怪我で入院（通院）した時」の2つの保障しかない。
- 2つの保障は、どちらも掛け捨ての〝不幸クジ〟。どんなにたくさんかけても、〝クジ〟に当たらない以上は、もらえない。
- 保険には、貯蓄機能もつけられるが、いまは運用利回りが低すぎるし、保険会社が破綻したら貯金は削られるので、加入するなら掛け捨ての保険。
- 運用利回り（予定利率）が高い頃に加入した保険は、大切にする。
- 生命保険は、アフターフォローのない商品。だとしたら、これから入るなら保険料が安い保険がいい保険。

このように生命保険は〝不幸クジ〟なのですから、たくさん買う必要はありません。では、あなたにとってそこそこの安心感が得られる必要最低限の保障額はどれくらいでしょうか。

それを知るには、まず公的保障で、私たちがどれだけ守られるのかを知ることが大切です。なぜなら、公的保障は、皆さんが思っている以上に、大きな生活の支えとなるからです。

第2章

「生命保険」加入の前に、公的保険をチェック！

〝超使える〟公的保障フル活用術

社会保険料

支払った社会保険料はフル活用しなきゃ損！

皆さんは、毎月、年金保険料や健康保険料、介護保険料（40歳以上）などの**社会保険料**を支払っています。

こうした公的な社会保険料は、会社員の場合には給料から天引きされるので、払っている意識が薄い人も多いようです。しかし、年収500万円（40歳以上）の会社員だと、年間に70万円以上の社会保険料を支払っているはずです。

しかも会社員の場合は、社会保険料は労使折半なので、会社側も同額の保険料を納めています。つまり、**自己負担分だけでなく会社負担分も合わせると、年間になんと約140万円も社会保険料を納めている**のです。

自営業者の場合は、自分で納付するので、負担感はさらに大きくなります。

社会保険料は、収入だけでなく、自治体によっても納付額が違うため一概にはいえませんが、目安としては年収５００万円くらいの方だと年間50万円以上を負担していると思います。

自営業者は、サラリーマンに比べて保障が少ない分だけ社会保険料も安いですが、それでも年間50万円以上も払っているのです。もしかしたら、**税金よりも多い金額を納めているかもしれません。**

ところが、これほど多額な社会保険料を支払っているにもかかわらず、それを上手に使いこなしていない人が多いことに驚きます（詳しくは次項以降で説明します）。

それだけでなく、これらの公的な保険だけでは足りないとばかりに、多額の生命保険に加入している人がいかに多いことでしょうか。

生命保険文化センターの「生活保障に関する調査」（令和元年度）によると、**生命保険の年間払込保険料は、男性が平均23万4０００円、女性が16万8０００円。**

いまは、結婚して子どもを産んでも働き続ける女性は増えていますが、この章では、会社員の夫が働き、妻が専業主婦というケースでみていきます。

このようなご家庭の場合には、ご主人が大きな生命保険に加入し、奥さんはそれほど入っていないというケースも多いことでしょう。それでも、2人合わせると、年間30万円以上は普通に支払っているということです。

収入が増えないなか、これだけ多額の生命保険料は家計に大打撃を与えます。

でも、**公的保障がどれだけ生活の支えになるのか。どこまで使えるかをしっかり把握すれば、民間の生命保険料はもっと減らせる**と気づくはずです。

Hiroko'sEye

多額の社会保険料を支払っていながら、ちゃんと活用していなかったり、さらに多額の生命保険に加入するのはムダ！

公的年金のリターン

「年金＝老後にお金をもらう」だけではない

「公的年金」が、老後にもらえることは、誰もが知っているでしょう。もらえる額は、加入年数や支払っている保険料の額にもよりますが、**会社員なら月15万円前後、自営業者なら月5万円前後**が一般的です。

「公的年金」のありがたいところは、65歳以上（繰り上げ支給なら60歳から）なら、一生涯もらえること。働けなくなっても寝たきりになっても、一定額のお金が自動的に振り込まれるのは心強いものです。

老後にもらう「公的年金」については、『年金だけでも暮らせます』（ＰＨＰ新書）に詳しく書いたので、参考にしてみてください。

ここでは、「老後の生活費」以外の「公的年金」の機能について見ていきましょう。

「公的年金」には、老後にお金をもらう「老齢年金」のほかに、年金に加入している人が亡くなった時に、残された家族に支給される**「遺族年金」**、自分が障害を負った時に支給される**「障害年金」**があります。

まずは、「遺族年金」から説明します。

遺族年金①

夫が先立っても、子どもが18歳になるまで支給される

家族を養う人が亡くなると、残された家族は生活に困ってしまいます。

そこで、保険会社から「残された妻子が路頭に迷わないように、いまのうちに生命保険に入っておきましょう」と誘われるのですが、ちょっと待ってください。

口車に乗る前に、**現在加入している公的年金から、「遺族年金」が支払われる**ことを知っていましたか？

遺族年金は、夫や妻が亡くなっても、残された子どもたちがちゃんと生活していけるように支給される年金です。

会社員や公務員、自営業者や専業主婦など立場によって支給される年金額は違いますが、**子どもが18歳になった年度の3月31日まで支給されます。**

まず、サラリーマンや公務員のケース。仮に妻が専業主婦で幼い子どもが2人いたとすると、夫が他界したら、子どもが18歳になった年度の3月31日まで月々15万円前後が「遺族年金」として支給されます。

自営業者や専業主婦の場合は、同様に幼い子ども2人を残して他界したら、子どもが18歳になった年度の3月31日まで月々約10万円の「遺族年金」が支給されます。

ですから、「生命保険」に加入するにしても、この「遺族年金」の支給額を頭に入れておくべきでしょう。

団体信用生命保険

死んだら、住宅ローンは完済されるケースが多い

多額の住宅ローンを組んで、マイホームを購入したご家庭も多いでしょう。

住宅ローンは、借りる時にはほとんどの人が**「団体信用生命保険」**にセットで加入しています。

団体信用生命保険は、住宅ローンの返済中に万が一のことがあったら、残りの住宅ローンが保険金によって弁済される保険制度で、銀行が用意した生命保険に、契約者が加入します。

なので、会社員の夫が他界した場合、残された住宅ローンは生命保険と相殺されて、ゼロになります。

年金×保険テク

子どもの教育費は「生命保険」で準備する

会社員の夫が他界しても、住宅ローンがなくなった家に住み、「公的年金」から月々15万円を受け取れるなら、専業主婦の妻と2人の子どもが残されても、何とか食べていけるでしょう。

妻も仕事を始めれば、収入を得ることができます。イザとなれば、家を売ってまとまったお金を手にすることもできます。

ただし、生活費は何とかなりそうでも、「公的年金」だけでは足りなくなるお金があります。

それは、**子どもたちの教育費**です。

日本は、先進国のなかで最も教育にお金を出さない国です。

ＯＥＣＤ（経済協力開発機構）が２０１８年に公表した数字では、日本のＧＤＰ（国内総生産）に占める公的教育費の割合は、２・９％。ＯＥＣＤの平均値４・２％を大きく下回り、比較可能な34カ国中で最低でした。

安倍政権は、「高等教育の無償化」を政策に掲げていますが、この「無償化」で本当に大学教育が無償で受けられるのは、年収270万円未満の世帯。年収270万円から年収380万円までは、無償ではなく一定の金額を支払うことになります。

ですから、年収400万円前後の平均的なご家庭は、無償化の対象にはなりません。

たしかに、「高等教育の無償化」で何らかの恩恵を受けるご家庭は、全体の2割程度はあるかもしれませんが、逆にいえば、「高等教育の無償化」などという大きな看板を掲げたわりには、8割のご家庭には関係がないということです。

いま、**子どもを大学に進学させたいと思ったら、子ども1人につき約1000万円が必要**といわれています。子どもが2人いたら、約2000万円です。

こんな大金は、夫が他界し、残された妻の細腕だけでは、なかなか稼ぎ出せるものではありません。

では、この教育費を、どうやって捻出《ねんしゅつ》すればいいのか？

そこで、必要となってくるのが「生命保険」です。

子どもの学費として、子どもが1人なら1000万円、2人いたら2000万円をイザという時のために「生命保険」の死亡保障で準備しておく。

ただし、この死亡保障は、子どもが社会人になったら必要ではなくなります。つまり、子どもが社会人になった時点で、その死亡保障は削ればいいのです。

遺族年金②　専業主婦が死んでも、夫と子どもに支給される

会社員の夫が亡くなった時に備えて、教育費として、子どもが学校を卒業するまで1人1000万円の「生命保険」の死亡保障が必要になるということは、ご理解いただけたと思います。

では、専業主婦の奥さんが他界した場合はどうでしょう。

じつは、2014年4月から、専業主婦の妻が幼い子どもを残して他界した場合にも、残された夫と子どもに「遺族年金」が支給されることになりました。

ご主人に生活力があれば、残された子どもたちも食べていくことはできますが、困るのは、ベビーシッターを雇わなくてはならない赤ん坊がいたり、幼稚園の送り迎えが必要な幼い子どもがいる場合です。残業などで早く帰れないと、子どもの世話を誰かに頼まなくてはなりません。

そこで、**専業主婦の妻が他界した場合でも、「遺族年金」が支給されるようになりました。残された夫はそのお金でベビーシッターを雇うことができます。**

仮に子どもが2人いたとしたら、専業主婦の妻が他界しても、子どもが18歳になるまでは、夫に月10万円ほどの「遺族年金」が出ます。

ただし、残された夫や子どもが、将来にわたって年収850万円以上を確保できる場合には、受給対象外となります。

遺族年金の金額は、厚生年金と国民年金で異なります。詳しくはお近くの年金事務所や年金相談センターに問い合わせてください。

障害年金

障害を負っても克服するまで支えてくれる

続いて**「障害年金」**です。

事故で障害を負ったり、生まれつき身体的に障害があったり、精神的に障害を負った人は、公的年金の「障害基礎年金」の対象者と認められれば、障害を克服するまで年金が支給されます。

障害基礎年金の対象となる障害には、1級と2級があります。

障害度の高い1級は年額97万5125円、障害度の低い2級は年額78万1000円。さらに子どもがいれば、1人目、2人目はそれぞれ年額22万4500円、3人目からは年額7万4800円が加算されます。

ですから、**子どもが2人いる方が、障害基礎年金1級に認定されたら、その障害が解消されるまで年額142万4125円（月額約12万円）の障害年金が出る**ことにな

■2-1　障害基礎年金のイメージ

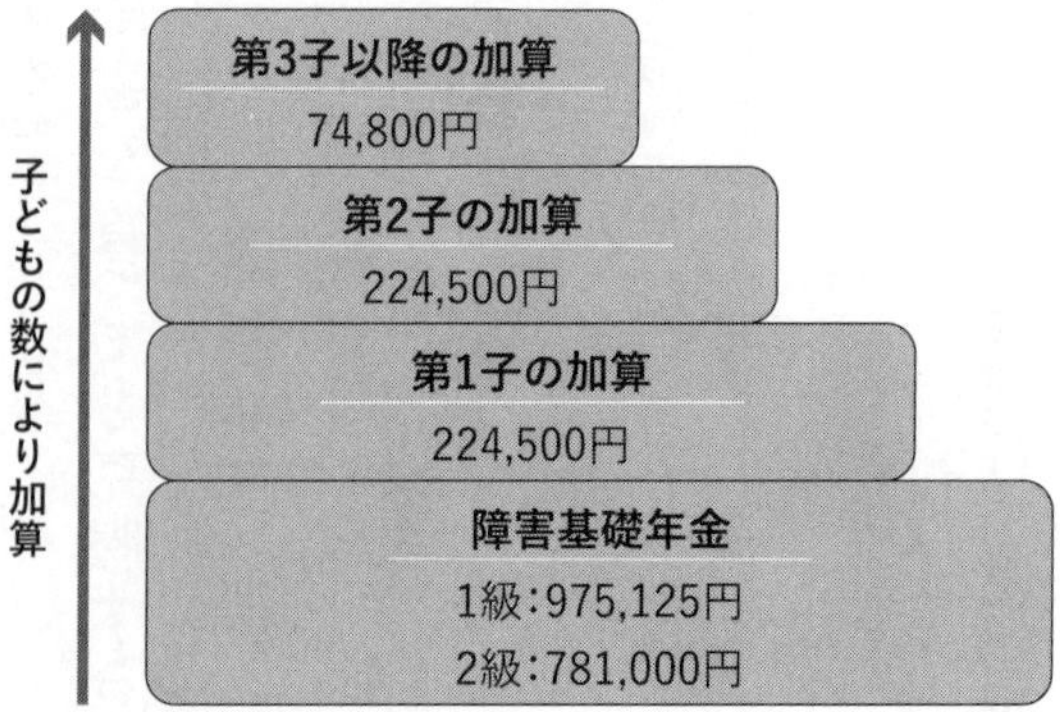

ります（上図2－1）。

サラリーマンや公務員の場合には、「障害厚生年金」が1級と2級だけでなく3級までの3段階になり、年金額ももらっていた給料によって、さらに手厚くなります。障害の度合いにもよりますが、年額58万円～300万円の「障害厚生年金」が支給されます。

最近、仕事などで行き詰まって「うつ病」を発生する人も増えています。「障害年金」は、指を切断したとか目が見えなくなったなどの身体的な障害だけでなく、**「うつ病」などの精神面での障害も対象**としています。

会社員や公務員の場合には、病気で会社など

を休んでいる期間が最長1年半までは、健康保険から「傷病手当金」（90ページ）が支給されます。

ただ、精神的な病気だと、１年半では克服できないケースもあります。１年半を過ぎて「傷病手当金」がもらえなくなっても、「障害厚生年金」の申請をすれば、「障害厚生年金」から引き続き支給が受けられます。

続いて、「医療保険」を解説します。

Hiroko'sEye

イザという時は「公的年金」を活用すべし。「遺族年金」があれば残された家族の生活費がある程度までは確保できる。「障害年金」は、自分が病気やケガで働けなくなった時などに支給を受けられる。ただし、子どもの教育費は、「生命保険」で準備すること。

高額医療費制度

ほとんどの病気は、「健康保険」でカバーできる

「病気になったら、どれくらいお金が必要になるのだろう」

そんな不安から、さまざまな民間の「医療保険」に加入する人も多いようです。生命保険協会の調べでは、医療保険・がん保険への加入件数は、ここ数年、右肩上がりで伸びています。

ただ、病気になった時に心配だからと、さまざまな保障のついた医療保険に加入すると、支払う保険料はバカになりません。

民間の「医療保険」に加入する前に、公的な「医療保険」、つまり「健康保険」でカバーできる部分が多いことをこれからご説明します。

高額療養費制度①

自己負担3割から、さらに払い戻し

日本は国民皆《かい》保険制度で医療費が安く、重い病気を患っても、想像するほどお金はかかりません。

なぜなら、医療費の自己負担額を軽減する「**高額療養費制度**」があるからです。

これは、**1ヶ月間に支払った医療費が一定額以上になったら、越えた分を支給してくれる制度**です。

たとえば、次ページの図2－2のように、入院して月に100万円の医療費がかかったとすると、自己負担額は3割の月30万円。けれど、普通の収入（年収約370～約770万円）の方なら、実際の自己負担額は、月額9万円弱（8万7430円）なので、**窓口で30万円支払っても、請求すれば、約21万円を支給してもらえます。**

「高額療養費制度」では、収入に応じて自己負担額が変わります。70歳未満は5段階になっていて、住民税非課税対象者は、さらに低くなります。

■2-2　「高額療養費制度」の仕組み

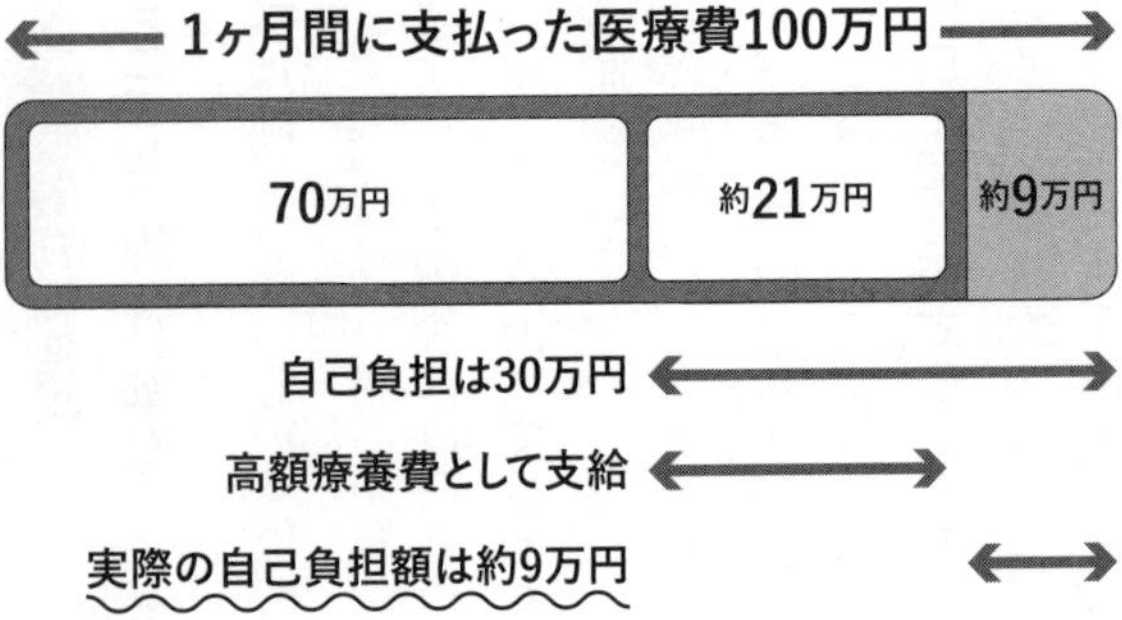

各種資料をもとに作成

高額療養費制度②

高齢者ほど自己負担は軽くなる

老後の医療費を心配する人が多いですが、じつは、**70歳を超えたら、「高額療養費制度」があるので、ほとんどの人が現役時代よりも医療費の負担が軽くなります。**

85ページの表２－３は、「高額療養費制度」を使った場合の、70歳以上の人の医療費の自己負担上限額です。

普通の高齢者（年収約１５６～約３７０万円）**だと、入院してどれだけ医療費がかかっても、自己負担は５万７６００円ですみます。**

住民税非課税世帯（年収80万円超）などは、これが2万4600円になります。

これを見る限り、現役並みにバリバリ働いているならまだしも、年金をもらいながらちょっと働いて悠々自適に暮らす人なら、それほど医療費の心配をする必要はなさそうです。

しかも、入院して4ヶ月目からは、さらに安くなります。普通の高齢者の場合、健康保険の範囲内ならどんなに高い治療を受けても、4万4400円ですむのです。

高額療養費制度③
家族みんなで入院しても、「世帯合算」で安くなる

「高額療養費制度」の凄《すご》いところは、**家族全員が入院して高い医療費を支払っても、加入している保険が一緒なら、家族全員の医療費をすべて合算して、その金額に「高額療養費制度」を適用できる**ところです（85ページ図2－4参照）。

たとえば、夫が会社員だと、専業主婦の妻や子どもたちは扶養家族として同じ健康保険に加入しているので、全員が入院しても、その金額をすべて合算した額に、「高

額療養費制度」が適用されます。仮に、住所が違っていたとしても、同じ保険に入っているなら「家族合算」できます。

ただし、共働き家庭で、夫婦それぞれが別々の「健康保険」に加入していたら、住所は同じでも、「家族合算」はできません。

75歳になると、それまで「健康保険」や「国民健康保険」に加入していた人は、**「後期高齢者医療制度」**に加入することになります。

ですから、国民健康保険の73歳の妻と、後期高齢者医療制度の76歳の夫だと、保険が違ってしまうので「家族合算」はできません。

けれど、妻が75歳になって後期高齢者となれば、同じ「後期高齢者医療制度」に加入することになるので、「家族合算」ができます。

つまり、**2人とも75歳以上（一般区分の場合）になっていたら、どんなに2人で高い治療をしてもらっても、公的保険での治療なら、2人合わせて月額5万7600円ですむ**ということです。

■2-3　高額療養費制度〈70歳以上の方の上限額（平成30年8月診療分から）〉

適用区分		外来（個人ごと）	ひと月の上限額（世帯ごと）
現役並み	年収約1,160万円～ 標報83万円以上 課税所得690万円以上	252,600円＋（医療費－842,000）×1%	
現役並み	年収約770万円～約1,160万円 標報53万円以上 課税所得380万円以上	167,400円＋（医療費－558,000）×1%	
現役並み	年収約370万円～約770万円 標報28万円以上 課税所得145万円以上	80,100円＋（医療費－267,000）×1%	
一般	年収約156万円～約370万円 標報26万円以下 課税所得145万円未満等	18,000円 （年14万4千円）	57,600円
住民税非課税等	Ⅱ住民税非課税世帯	8,000円	24,600円
住民税非課税等	Ⅰ住民税非課税世帯 （年金収入80万円以下など）	8,000円	15,000円

■2-4　世帯合算の仕組み

〈75歳以上（一般区分）／夫と妻が同じ世帯にいる場合〉

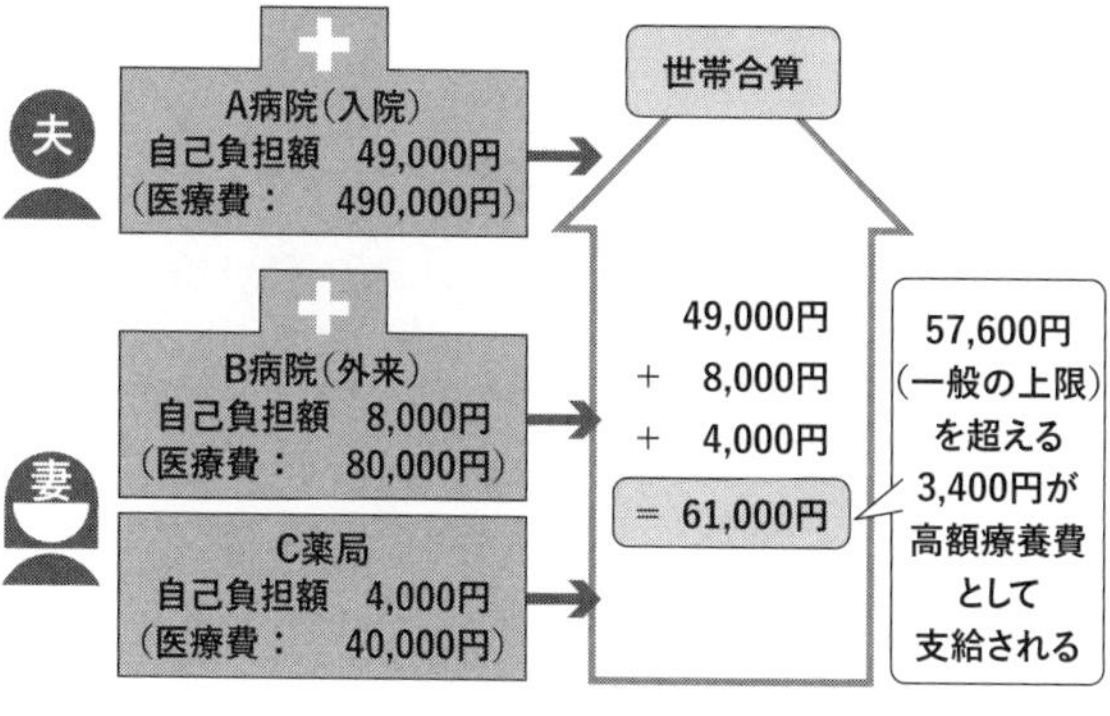

しかも、入院が長引いた場合、2人合わせて4ヶ月目からは上限が月額4万4400円に下がります。

だとすれば、**「公的保障」をフルに活用すれば、老後の医療費は、夫婦2人で200万円程度あれば足りるのではないでしょうか。**

さらに、老後は、介護保険との合算でもっと安くなる制度もあります（151ページ参照）。

Hiroko'sEye

家族の形態を問わず、「高額療養費制度」を使いこなせば、老後の医療費に悩むことはない（夫婦2人で200万円あればOK）。

「公的保険」の裏ワザ

まだまだある「イザ」という時に役立つ「健康保険」

健康保険の例外①

入院時の食事代、個室代は保険対象外なので注意

「健康保険」は、かなり広範囲の治療をカバーしていますが、保険対象外の治療も少なくありません。

日常生活に支障がない、いぼ、にきび、あざ、わきがなどの外科治療や、回復の見込みがない近視、遠視、乱視などの治療は、保険対象外になります。

もちろん、美容整形も健康保険は使えません。ただし、外傷や火災の処置のための整形手術は、健康保険の対象範囲です。

また、正常な妊娠や出産などは保険対象外ですが、妊娠中毒症、異常分娩など治療を必要とするものは保険対象となります。

加えて、喧嘩や泥酔の末の事故、故意の犯罪行為などでは、保険給付が制限されるケースがあります。

治療費ではない、入院時の食事代、入院したことでかかる雑費や日用品の費用、差額ベッド代、先進医療費なども保険対象外なので注意しましょう。

病院によって、健康保険の対象になる部屋のベッド数が決まっています。4人部屋、6人部屋などがそうですが、こうした部屋ではなく個室がいいということになると、その分の差額ベッド代を支払わなくてはなりません。

差額ベッド代は、部屋のタイプで違いますが、1泊5000円から3万円。

ただし、緊急入院で病院に運ばれてきたら健康保険対象の部屋がなく、やむなく個室に入ったという場合には、差額ベッド代はかかりません。

健康保険の例外②

「先進医療」も対象外だが、心配無用

「先進医療」の治療も、健康保険の対象にはなりません。

「先進医療」といえば、その名前から、健康保険よりも優れた先進的な治療ではないかと思いがちですが、そうではありません。

日本の健康保険では、誰もが安全に使えて効果を実証された治療法は、保険の対象にしています。ですから、**よさそうだけれど、いまだ評価が定まっていない治療は、健康保険の対象にならないのです。**

じつは、こういった治療でも、効果があると認められたら健康保険の対象となります。

たとえば、1回3349万円もする白血病治療薬「キムリア」は、効果があると認められ、2019年に健康保険の対象となりました。

そのほか、1年間で3500万円かかると言われるがんの特効薬「オプジーボ」

も、健康保険が利用できるようになったため、自己負担額が年間約70万円くらい（年収、年齢によって変わります）で、利用できるようになりました。

また、手術内容によっては1000万円かかると言われる最先端手術ロボットの「ダヴィンチ」も、一部治療で「健康保険」の対象になっています。

つまり、「先進医療」という名前から凄い治療だというイメージがありますが、評価が定まれば、どんどん健康保険の対象となるということ。ですから、名前を「先進医療」ではなく、「未評価医療」とでもしたほうが、わかりやすい気がします。

実際、いま、がん患者の9割以上は、健康保険を使って病気の治療をし、かなりの人が病気を克服しています。

傷病手当金

連続4日以上の休業から給付対象に

病気になった時に心配なのは、治療費だけではありません。

闘病中は生活費も稼げなくなるので、生活面での不安も出てきます。

自営業者の場合は、奥さんが代わりに店を切り盛りするなどで事業を続けることができるかもしれませんが、会社員だと、収入面での不安は大きくなります。

その不安を和らげるために、**会社員や公務員が病気や怪我で仕事を休んでいるあいだは、健康保険から「傷病手当金」が支給されます。**

風邪で３日寝込んだけれど、４日目には風邪が治って復帰したというようなケースでは「傷病手当金」は出ませんが、**連続して４日以上仕事に就けないようなら、給料の３分の２が、最長で１年半支給されます。**

ただし、生活面での不安を補う制度なので、休業中も会社からしっかり給料が出るというケースでは、「傷病手当金」はもらえません。

また、会社から給料が出ても、「傷病手当金」よりも少ないというケースでは、「傷病手当金」と会社から支給されるお金の差額を受け取ることができます。

出産育児一時金

子どもを産んでも、手当が出る

子どもを出産した時にも、健康保険や国民健康保険からお金が出ます。病気ではありませんので、出産した人には、**「出産育児一時金」**として支給されます。

金額は、**子ども1人につき42万円です**（産科医療補償制度対象出産ではない場合は40・4万円）。妊娠4ヶ月以上なら、早産、死産、流産、人工妊娠中絶した場合でも「出産育児一時金」は給付されます。

自治体によっては、さらに上乗せ金を出しているところもあります。また、住んでいる自治体によって異なりますが、**「妊婦健診費用の補助」として、健診料金の補助券**を出しているところもあります。

知っておきたい出産に伴う手当の数々

会社員の女性には、ほかにも、健康保険から「出産手当金」と「育児休業給付金」が出ます。

「出産手当金」は、出産の前後を対象に支給されるお金のこと。
会社員の女性には、出産前の42日間と出産後の56日間の合計98日を対象に、仕事を休んで給与の支払いがなかった日数分が手当金として支給されます。

１日の支給額は、給料の約３分の２。月給30万円だとしたら、１日１万円ですから、約６７００円は支給されるということで、産前産後にしっかり休んで給付金をもらえば、約65万円もらえます。

会社員の女性なら、子どもを産んだ後に、育児休業を取ることができます。
育児休業は、従来は子どもが１歳６ヶ月に達するまででしたが、２０１７年３月の育児・介護休業法の改定で、1年6ヶ月を過ぎても、育児休業が必要な場合には、子どもが2歳になるまで延長できるようになりました。

ただし、延長できるのは、保育所などに入れなかったり、病気や離婚などやむをえない理由で、配偶者が子育てできないなどの理由がある場合です。

育児休業中には、「育児休業給付金」が支給されます（最長2年）。

「育児休業給付金」がもらえるのは1年で、初めの6ヶ月間はもらっていた平均給料の3分の2。その後6ヶ月は給料の半額になります。

月給30万円の人なら、1年で約210万円が支給されるということです。

また、**育児休業期間中は、「健康保険料」「厚生年金保険料」は免除**になります。

育児休業は、夫婦で取る制度（パパ・ママ育休プラス）も、男性が取る制度（パパ休暇）もあります。詳しくは、会社の総務課などに尋ねてください。

Hiroko'sEye

健康保険対象外の治療も少なくはないが、出産や緊急時には打ち出の小槌《こづち》のように家庭を助けてくれることも。

労災保険

就業中の病気や怪我は、「労災」でカバーされる

ここまでご説明したように、日本は国民皆保険制度なので、全員が「健康保険」か「国民健康保険」に加入していて、病気や怪我をした時には、少ない自己負担で治療が受けられるようになっています。

ただし、**健康保険や国民健康保険は、仕事をしていない〝業務外〟が対象。仕事中（業務内）に病気や怪我をした場合は、「労災保険」の対象となります。**

労災の基本①

１人でも雇っていれば「労災」に加入

労働基準法では、たとえ会社に落ち度がなくても、社員が通勤を含めた業務中に病気になったり怪我をしたら、雇った側が一定の補償をしなくてはなりません。

ただし、雇う側に支払い能力がないと、入院してもお金が支払われずに、雇われた側が泣きを見ることになりかねません。

そこで、仕事中のイザという時に備えて、「労災保険」があります。

「労災保険」は、正社員だけでなく、パートやアルバイト、日雇い労働者、不法滞在している外国人労働者でも、雇われて働いている人すべてが補償の対象となります。1人でも人を雇っていたら、公的な機関を含めた事業所は、必ず「労災保険」に加入しなくてはなりません。

「労災保険」では、病気や怪我の治療費が支給されるだけでなく、「療養補償給付」や「休業補償給付」「傷病保償年金」「障害補償給付」「介護保償給付」など、さまざまなケースで給付金が出ます。

労災の基本②

「労災」が認められるケース、認められないケース

「労災」が認められるのは、事業主の支配・管理下で働いている場合です。

休憩時間であっても、社員食堂の床で足を滑らせて怪我をしたという場合には、「労災保険」の対象となります。

また、会社帰りにスーパーで買い物をして、その帰り道（通勤経路）で事故に遭ってしまったら、「労災保険」の対象となる可能性大。

単身赴任先から自宅に帰るあいだに事故に遭ったケースでも、合理的と判断される交通手段や経路を使っているなら、「労災」が適用されます。

一方、会社が終わって彼女とドライブをして、映画を観てから家に帰る途中に事故に遭ったというようなケースでは、通常の交通手段や経路ではないと判断され、「労災保険」は認められなくなります。

休憩時間にプライベートな用事で会社を抜け出し、事故に遭ったような場合も、労災の対象になりません。

先日、フランスに行った時にニュースを見ていたら、出張中に浮気してセックスの最中に死んだ男性が、フランスの裁判所で「労災」と認められたとのこと。企業に賠償命令が出ていて、ビックリ仰天しました。

理由は、「出張中のセックスは、シャワーを浴びるようなものだから、認められる」ということでした。

ただ、これはフランスだから認められたのであって、日本では、これはとても「労災」とは認められないでしょう。お国柄の違いを感じました。

労災の基本③

会社が「労災」にまともに対応してくれない場合

「労災」と認められて「労災保険」が適用されれば、治療費の自己負担はありません。

詳しくは、勤務先の総務課など担当部署に相談してみましょう。きちんとした会社なら、申請もしてくれるはずです。

ただし会社によっては、まともに対応をしてくれないケースもあります。その場合は、自分で「労災」の申請をすることもできます。

最寄りの労働基準監督署に行って、病気や怪我をした状況を説明し、治療などにかかった費用が証明できる資料などを見せれば、請求方法を教えてくれるはずです。

この場合、医療費をいったんは自己負担することになりますが、医療費が高額になると払えなくなるケースも出てくるので、「労災保険」に対応している医療機関で受診し、どうすればいいのか相談してみましょう。

もっとも、事業主が「労災保険」に加入していないのは言語道断です。

もし、「うちは労災がないから、自分の保険でなんとかしてほしい」などと言われたら、すぐに労働基準監督署に駆け込みましょう。

事業主は、すぐさま過去に遡《さかのぼ》って未払いの保険料を払わされるだけでなく、追徴金も徴収されます。また、労災保険から支払われた給付金も請求されるなど、厳しいペナルティーが科せられるはずです。

Hiroko'sEye

「労災保険」は雇われる側の権利。業務中に怪我をしたり、病気になった際は、会社の総務課などに相談すること。

実践！　あなたに合った「生命保険」を見つけよう

ここまで読み進んできた皆さんは、「日本の公的保障って、ずいぶんと手厚いんだなあ」と思われたのではないでしょうか。

そこで、この公的保障の手厚さを踏まえて、どれだけ生命保険に加入すればいいのか、自分に必要な保障額を考えてみましょう。

ステップ1　保障額を計算する

皆さんが「生命保険」に加入する時に、考えなければいけない「保障」は、繰り返しになりますが、たった2つ。

具体的な金額を書き込みましょう

①死亡時に、
保険金をいくら残せばいいか
（死亡保障）

②病気や怪我で入院したら、給付金がいくらあればそれほど困らないか（入院〈通院〉保障）

①については、遺族年金（70ページ）があるので、残された家族は食べていけないことはなさそうですが、子どもがいたら、教育資金が足りなくなりそうです。

子ども（未就労者）1人につき1000万円くらいは、「生命保険」で確保してお

きましょう。奥さんが病弱で働けないという方は、奥さんのために残すお金も考えておいたほうがいいかもしれません。

ご家庭が置かれている状況を考えて必要な保障金額を出しましょう。ただし、保険は〝クジ〟ですから、たくさん入っても毎年〝クジ〟に外れ続けることは念頭に置くこと。

②については、日本の医療費の自己負担は、かなり安くなっています。しかも**会社員なら、病気や怪我で一定日数以上会社を休んでも、そのあいだは、最長1年半、給料の3分の2が支給されます**（91ページ）。だとしたら、それほど手厚い給付金は必要ないかもしれません。

ただし、がん家系で、ほぼ全員ががんで死亡しているという方は、「がん保険」に入るという選択もあるでしょう。もっとも、**がん保険に払うお金を人間ドック代にまわし、がんを早期発見したほうがいいという考え方もあります。**

ステップ2　保険会社を選ぶ

どれだけの保障が必要かは、ご家庭によっても違うので一概にはいえません。ただ、**必要な「保障額」が決まったら、これらの「保障」を、掛け捨てで買うこと。**できれば、保険料が一番安い保険会社で買いましょう。

死亡時や病気になった時の掛け捨ての保険料は、保障が同額ならどの会社も同じですが、そこに上乗せされる保険会社の経費には差があるので、保険料が一番安い保険会社で買うのをおすすめします。インターネットなどで比較して、保険会社を決めましょう。

ステップ3　「生命保険」を購入する

自分に必要な保障額がわかり、保険会社を選んだら、いよいよ「生命保険」を購入します。

ここで注意することは、**絶対に、保険のセールスに相談をしないこと。**

相手はプロの営業パーソンですから、相談したら最後、「あれもつけたほうがいい」「これもつけたほうがいい」ということになって、さまざまな保障のついた保険料の高い生命保険になりがちだからです。

やるべきことはシンプルです。「ステップ①」で試算した①の死亡保障と②の入院（通院）保障の金額を紙に書き、それを保険会社に提出。見積もりを取り寄せて、一番安いところに入ればいいのです。

いまは、インターネットという便利なツールもあります。ネットで加入できる生命保険は、経費を低く抑えることができるため保険料が安く、保険料金も簡単にシミュレーションできます。ですから、ネットで一番安いものを選ぶのもおすすめです。

保険の営業パーソンは百戦錬磨のプロ。あの手この手であなたの懐《ふところ》を狙っています。保険のセールスの口車に乗らないようにするために、知っておくべきことについては、次の第3章で詳しく説明します。

第3章

「老後の不安」に付け込むセールスに騙されるな！

ケース別「入ってはいけない保険」

人生100年時代。死亡時や病気・怪我で入院（通院）した時に備える方法はわかったけれど、逆に元気で長生きしてしまったら、老後の資金に不安があるという方も多いでしょう。

そのため、最近は「これで老後は大丈夫」というタイトルの金融商品が、山のように出てきています。こうした商品ははっきりいって玉石混淆《ぎょくせきこんこう》。意志を強く持ち、セールスの手口を知っておかないとコロッと騙《だま》されてしまいます。

そこで本章では、生命保険会社の商品を中心に、「長生きした時」に本当に有効な保険なのかどうかをケース別にチェックしましょう。

ここで紹介するのは、気をつけたい3つの保険です。

①**「残念保険」**……期待通りの効果が得られない保険
②**「激おこ保険」**……入って怒りを覚える保険
③**「不安倍増保険」**……老後の安心につながらない保険

セールス対策①

期待通りの効果が得られない
"残念保険"

第2章で解説した通り、日本では「高額療養費制度」があるので、医療費の自己負担額はかなり低くなります。

それでも、「なんとなく心配だから保険に入る」という人は多いようです。保険会社は、その「なんとなく心配」な気持ちを狙ってきます。

有名人を起用したテレビCMや不安につけこむようなフレーズが並んだ「商品パンフレット」は、その最たる例です。

「そんなうまい話はない」と疑い、その商品に期待通りの効果があるか、自分で調べる習慣を持ちたいものです。

残念保険①

「持病があっても入れる医療保険」は割高

すでに病気を経験した人は、盛んにテレビCMで流れる「持病があっても入れる保険（「引受基準緩和型保険」といいます）」に魅力を感じるようです。

たしかに、保険に入りたくても病気のために入れない人にとっては、心をくすぐられる商品でしょう。

現在、オリックス生命の「医療保険キュア・サポート・プラス」やメディケア生命の「メディフィットRe（リリーフ）」、楽天生命の「楽天生命スーパーたよれる医療保険」、SOMPOひまわり生命の「新・健康のお守り ハート」など、かなりの数の類似保険が出ていますが、こうした医療保険は本当におトクなのでしょうか。

生命保険では、一般的には保険の加入時に、医師の診断書が必要になります。また、診断書は不要でも、健康診断の結果を提出するなど細かな告知は必要です。

病気がある人を健康な人のグループに入れると、生命保険という〝クジ〟を引く時に、その人だけ有利になってしまうからです。

それにもかかわらず、「持病があっても入れる保険」は、総じて簡単な告知だけで入れるものが多くあります。

たとえば、オリックス生命の「医療保険キュア・サポート・プラス」の場合、次のたった3つの告知で加入できてしまいます。

⑴最近3か月以内に、医師から入院・手術・検査のいずれかをすすめられたことはありますか。

⑵過去2年以内に、病気やケガで入院をしたこと、または手術をうけたことがありますか。

⑶過去5年以内に、がんまたは上皮内新生物・肝硬変・統合失調症・認知症・アルコール依存症で、医師の診察・検査・治療・投薬のいずれかを受けたことがありますか。

この場合の「がん」とは、癌《がん》、白血病、肉腫《にくしゅ》、骨髄腫《こつずいしゅ》、悪性リンパ腫などの悪性新生物。「上皮内新生物」とは、上皮内がん（粘膜などの浅い部分のがん）や高度異形成（がんになる可能性があるもの）などになります。

これだけ見ると、たしかに普通の生命保険よりは条件が緩い気がしますが、ただ、(1)では、現在の状況に問題ないことが確認され、(2)では、持病があっても過去2年間は再発していないことを確認しています。ほとんどの病気は、2年間に一度も再入院していなければ、再発率はかなり低くなります。

さらに、(3)では、再発率の高いがんについて訊《き》いています。

国立がん研究センターによれば、5年相対生存率は62・1％。ですから、5年間再発しなければ、がんでも再発の可能性はかなり低くなるということです。

治療に時間がかかる統合失調症などの精神的な病気（平均在院日数531・8日）や認知症（アルツハイマー病は平均在院日数252・1日）でも、5年間発病していなければ、再発の確率はかなり低くなります（厚生労働省HP、平成29年3月）。

これで、重病の人は、ある程度ふるい落とされます。

■3-1　医療保険の支払削減期間

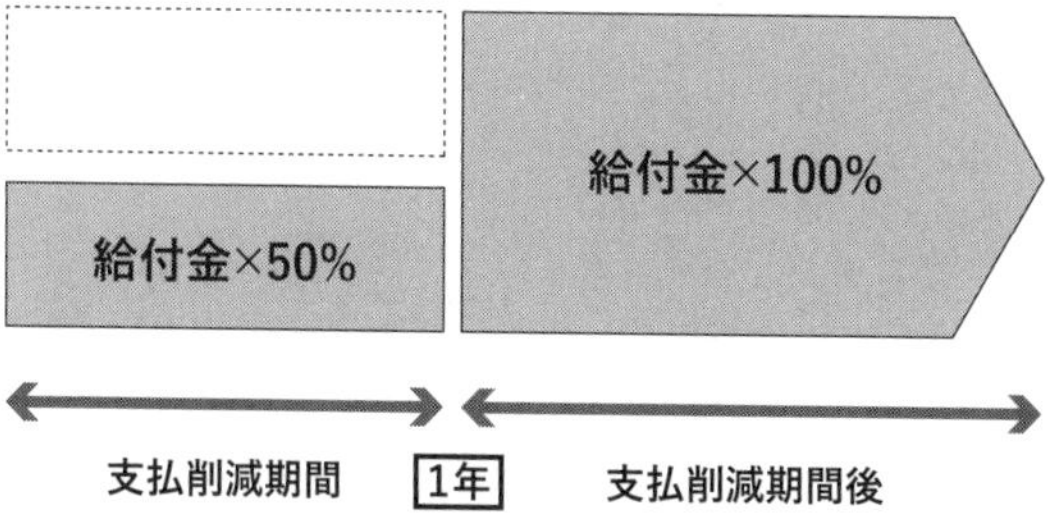

重病患者は入れず、軽病患者は入りやすい。その結果、保険会社にとって都合のいい〝当たりにくいクジ〟ができ上がるのです。

万が一のためには貯金したほうがマシ

また、加入できたからといって、すぐに満額の給付金が保障されるわけでありません。**契約日から1年以内に支払いが生じた場合には、給付金が50％になる支払削減期間があるものが多いからです。**

さらに「持病があっても入れる保険」は、当然、普通の医療保険に比べて保険料が高くなっています。保険会社にもよりますが、**通常の医療保険の1・5倍から2倍の保険料**になります。

何度も言いますが、保険は〝クジ〟です。持病がある人を保険に入れると、〝クジ〟を引き当てる確率が上がるので、その分〝クジ〟代を高くするしかないのです。でも、よく考えてください。これだけ保険料が高く、加入して1年以内は半分の給付金しかもらえないのなら、わざわざ高い保険料を支払って医療保険に入るメリットはあるのでしょうか。

保険料分の金額を貯金して、万が一病気になったらそれを使い、何もなかったら家計に回すほうがよっぽど合理的ではないでしょうか。

残念保険②

「先進医療特約」を得と思うかはその人次第

「先進医療特約」もまた流行《はや》りの保障の1つです。

「特約」とは、主契約の保障に付けられる〝おまけ〟の保障です。無料のものもありますが、ほとんどは有料です。

89ページでも書きましたが、「先進医療」は、名前から凄い医療のように聞こえま

■3-2 「先進医療」の一例

先進医療技術ごとの実施件数・費用・入院期間

技術名	年間実施件数(件)	1件当たりの額(円)	平均入院期間(日)
陽子線治療	2,319	2,765,086	12.6
重粒子線治療	1,558	3,149,172	7.0
歯周外科治療におけるバイオ・リジェネレーション法	240	65,870	-
多焦点眼内レンズを用いた水晶体再建術	14,433	581,224	1.2
MRI 撮影及び超音波検査融合画像に基づく前立腺針生検法	207	110,223	2.1
重症低血糖発作を伴うインスリン依存性糖尿病に対する脳死ドナー又は心停止ドナーからの膵島移植（重症低血糖発作を伴うインスリン依存性糖尿病）	3	3,669,346	38.7
オクトレオチド皮下注射療法（先天性高インスリン血症）	1	5,410,269	-
陽子線治療（肝細胞がん）	11	2,821,909	16.2
重粒子線治療（肝細胞がん）	4	3,075,750	9.5
重粒子線治療（非小細胞肺がん）	9	3,140,000	3.1
ゲムシタビン静脈内投与及び重粒子線治療の併用療法（膵臓がん）	8	3,140,000	20.9

出典：厚生労働省第61回先進医療会議資料「平成29年度実績報告」

すが、簡単に言ってしまうと、「まだ評価が定まっていないので、健康保険の対象にならない治療」ということを思い出してください。

この「先進医療」の費用と実施件数は、上図3－2のようになっています。

最も利用者が多いのは、「多焦点眼内レンズを用いた水晶体再建術」。つまり、白内障の治療施術で、値段は60万円弱。ただ、60万円くらいなら、貯金から出せるという人もいるでしょう。

もちろん、1件あたり300万円前後かかる陽子線治療や重粒子線治療は、ポンと出せるお金ではありません。ただ、重粒子線治療については、2016年から骨軟部がんが、2018年には前立腺がんと頭頸部がんの一部が「公的保険」の対象になっています。

がん患者として治療を受ける人は、年間100万人いるといわれています。このうち約4000人が、陽子線治療と重粒子線治療を受けていますが、この数を多いと見るなら備える、少ないと見るなら「先進医療」の保険は不要ということでしょう。

残念保険③

使う機会はほとんどない「三大疾病特約」

日本人の病気の上位を占めるのが「がん」「脳卒中」「急性心筋梗塞」です。

厚生労働省の「平成30年人口動態統計」を見ると、日本人の死因の50・6%をしめるのが、この3つの疾病《しっぺい》です。

そして、**この3つのどれかになったら保険金が出るというのが「三大疾病特約」**です。

一見すると、日本人の死因の半分以上を占めるなら、加入しておいたほうがいい気がします。

ただし、注意が必要です。**この3つの病気にかかったら、どんな状況でも、保険会社からお金が出るわけではありません。**

「がん」の要件

悪性黒色腫を除く皮膚がん、上皮内がん、保険に入って90日以内に診断確定された乳がんなどは、保険会社にもよりますが、保障対象から外れるケースが多いです。

「脳卒中」の要件

くも膜下出血や脳内出血、脳血栓が対象ですが、医師の診断を受けた日から60日以上、言語障害や運動失調、まひなどが継続的に続いている、と医師によって判断されることが要件となります。

「心筋梗塞」の要件

「急性の狭心症」は、保険に入って初めて医師の診断を受けた日から、その日を含めて60日以上、「働くのが困難」と医師から診断された状況が続いていることが要件となります。

これだけ厳しい要件に当てはまらないと、お金は支払われないのです。

さらに、厚生労働省の「患者調査」(2017年)を見ると、「心疾患」の平均入院日数は19・3日、「脳血管疾患」は78・2日です。ただ、**若い方はあまり入院せず治してしまうようで、35歳から64歳の「心疾患」の平均入院日数は9日、「脳血管疾患」は45・6日です。**

ですから、その間に治療がすみ、後遺症も収まっているかもしれません。そうなると、保険金は出ません。

高齢者だと、三大疾病になる確率は上がりますが、当然、特約保険料もその分だけ高くなります。

なんとなく、あると安心そうな特約ですが、最も使えそうな65歳以上になると、保険料の値上がりを受けて解約者も多いということは、この機会に覚えておいてもいいかもしれません。

Hiroko'sEye

たくさん付けたほうがなんとなく安心な気がする「特約」だが、その分だけ「特約保険料」を多く払うことになる。費用対効果を見極めたうえで、よく考えて加入を検討したほうがいい。

セールス対策②

入って怒りを覚える"激おこ保険"

激おこ保険①

「外貨建て生命保険」で資産が目減りする人が急増

「生命保険だけれど、高利回り運用が可能です」とすすめられるのが、**「外貨建て生命保険」**です。

生命保険には、「死んだ時にお金が出る」「病気や怪我で入院したらお金が出る」という2つの保障があるとお話ししました。

ここに日本より運用利回りのいい貯金機能をつけたのが、「外貨建て生命保険」。しかも、保険料を日本円ではなく外貨で支払い、保険金や満期金も外貨でもらうという商品です。

「外貨建て生命保険」が、日本円ではなくわざわざ外貨で保険料を払ったり、保険金をもらったりする理由は、「低金利の日本と違って金利が高い外国の通貨なら、高い金利で運用できるから」と説明されます。

たしかに、日本の保険の運用利回り(予定利率)は0・3%ですが、「外貨建て生命保険」は1~2%。これは運用利回りが高い海外の金融商品で運用するから。たとえば、アメリカの国債は30年債なら2・426%(2019年11月8日現在)です。

生命保険は、短期で売り買いするものではなく、長期でお金を預けるので、保険会社は、保険に加入させると同時に、2・426%の30年アメリカ国債を買えば、加入者に1~2%を支払っても、確実に30年間は2・426%で運用できるので儲かります。

ところが、外貨建てだと、**為替レートの変動によって、受け取る保険金や満期金が目減りする可能性があり、そのリスクを負うのは保険の加入者**です。

「外貨建て生命保険」は、**商品を販売する保険会社にとってはノーリスクで保険として手数料を稼ぎ、外貨商品として為替手数料を稼ぐという、二重に手数料が手に入る、〝美味《おい》しい商品〟**なのです。

ここで、皆さん思い起こしてください。

「生命保険というのは、自分の命や健康をかけた〝クジ〟」であるということを。

たとえば、ドル建ての「外貨建て生命保険」に加入したとしましょう。

これは、生命保険という〝クジ〟をドルで買い、死亡時には死亡保険金がドルで支払われ、病気なったら入院給付金がドルで支払われ、満期のお金もドルで支払われます。

1万ドル預けて、1ドル90円なら90万円、1ドル100円なら100万円、1ドル110円なら110万円になります。つまり、為替が円安になるほど、皆さんは儲《もう》かることになります。

ただ、考えてみてください。

皆さんは、１ドル１１０円のタイミングに合わせて、死んだり、入院できますか？

それは、なかなか難しいでしょう。

そもそも、生命保険自体が自分の命や健康をかけたギャンブルのようなもの。そこに、為替リスクまで加えて、二重のギャンブルをする必要があるのでしょうか？

ちなみに、２０１９年10月１日の為替は、１ドル約１０８円ですが、１年前の２０１８年10月１日は１ドル約１１３円だったので、一年前に加入した人は、現レートと比べたら損をしていることになります。

激おこ保険②
ジジ、ババがすすめる「学資保険」は旨みなし

孫が生まれると、「すぐに、郵便局の学資保険に入っておきなさい」と言う、おじいちゃん、おばあちゃんは多いようです。

なぜなら、自分の息子、娘が生まれた時に預けた「学資保険」が、教育資金が必要な時期に大きく増えて戻ってきた嬉しい経験があるからです。

でも、子どもが生まれたら学資保険に加入したほうが本当にお得なのでしょうか。

じつは、**ジジ、ババがあなたのために「学資保険」に加入したのは、いまから30年も前のこと。バブル期で、かなり金利が高かった頃**です。

その頃だと、たとえば、30歳のパパが、1歳になる子どもを「学資保険」に加入させて18歳で満期保険金をもらうと、払った100万円は、180万円くらいに増えています。

けれど、**世の中は様変わりし、超低金利時代に突入しています。**

平成デフレで金利がどんどん下がり、いまだと、100万円支払っても、戻ってくる時には100万円を切っている。さらに昔はなかった入院保障などが付いているので、90万円くらいになってしまいます。

100万円払って、18年後に90万円しか戻ってこないなら、貯蓄としては旨みがないといっても過言ではないでしょう。

保険会社が強調する学資保険の「メリット」は正しいか？

もう少し詳しく説明しましょう。保険の営業パーソンはきっと、「学資保険」に加入するメリットについて、次の３つを強調するはずです。

(1)将来の貯金になる
(2)子どもが怪我や病気で入院したら、給付金が出る
(3)保険金をかけている人が死んだら、それ以降の保険料を払わなくても満期金がもらえる

(1)の、「将来の貯金になる」は、運用利回りが低すぎて貯金にならないと、すでに説明した通りです。

では、⑵の、「子どもが怪我や病気で入院したら、給付金が出る」についてはどうでしょうか。

子どもの医療費については、すべての自治体で助成が行なわれています。都道府県レベルでは、就学前までの子どもは医療費は無料というところが多いですが、市区町村レベルでは、所得制限があるところもあるものの、入院は15歳まで無料というところが1741市区町村のうち1131、18歳年度末まで援助がある自治体も511ありました。

つまり、**多くの自治体が中学卒業まで、もしくは高校卒業までの入院費を援助してくれるのです**。したがって、「学資保険」でわざわざ子どもに入院保障をつける必要はないでしょう。

もちろん、子どもが死亡したら保険金が出ますが、それで嬉しい親はいません。

また、⑶の「保険金をかけている人が死んだら、それ以降の保険料を払わなくても満期金がもらえる」ですが、そもそも子どもが生まれると、それなりの保険に入る親は多いもの。保険は〝グジ〟ですから、これ以上入る必要はありません。

激おこ保険③

「火災保険」を悪用した、〝修繕詐欺〟にご用心

2019年は、大型台風が続き、全国的に甚大な被害が出ました。多くのご家庭が、風害、水害などに見舞われ、途方にくれた方も多かったことでしょう。

台風被害は、かなりの部分が「火災保険」でカバーされます。

「火災保険」も最近はさまざまなタイプのものが出ていますが、基本的には「住宅火災保険」と「住宅総合保険」の2つ。

「住宅火災保険」には、火災の補償のほかに、落雷、ガス爆発などの破裂・爆発の補償、さらに風災、ひょう災、雪災の補償（一部自己負担額がある場合もあります）が付いています。

「住宅総合保険」には、さらに手厚い補償が付いていて、水災（一部自己負担額があ

る場合もあります）、車に当て逃げされて塀の一部が壊れたなどの被害、飛行機の墜落で受けた被害、何者かの投石で住まいのガラスが破損した被害、給排水設備の事故等による水漏れ被害、デモなどで機動隊ともみ合いになって家が壊れたなどの暴行・破壊被害、さらには盗難の被害など、幅広い被害に対して補償してくれます。

台風の強い風で家の屋根の瓦が飛ばされてしまったり、大雨や河川の氾濫《はんらん》などで浸水したというような時には、まず、自分が加入している「火災保険」に、こうした災害に対応する補償が付いていないか確認してみましょう。

「台風で壊れた家を火災保険で直します詐欺」の手口

「火災保険」にも注意が必要です。

じつは、台風などで大きな被害が出ると、被災者を狙った詐欺も増えます。

国民生活センターによれば、**「修繕詐欺」がらみの相談が、２００８年からおよそ**

10年間で30倍以上にも増えているそうです。

その手口は、まず災害などで被害を受けたお宅に、修繕業者が電話したり訪問をして、「火災保険に入っていれば、自己負担なしで修理できますよ」と話を持ちかけます。しかも「面倒な保険金請求の手続きなどは、すべて私どもで代行します」「この際、古くなった屋根も保険で直せます」などと勧誘して、工事の請け負い額を上げます。

その上で、見積り書や図面を持って来て、修繕の請け負い契約を無理やり結びます。さらに、保険会社に保険を請求をすると言って、「請求手続き代行契約」や「申請サポート契約」を結ばせます。

たしかに、水害などの被害は「火災保険」の補償対象ですが、屋根の老朽化などは保険金では直せません。

結果、自己負担額がどんどん大きくなります。

これでは話が違うということで契約破棄を申し出ると、今度は「契約までして、うちで工事しないなら違約金を払ってください」と脅《おど》し、法外なキャンセル料を請求してきます。

逆に、もし保険会社で「災害で破損」と認められ、保険金が支払われた場合には、「請求手続き代行契約」や「申請サポート契約」を理由に、高い契約手数料を払えと迫ります。


もちろん、損害保険会社は、災害の補償はしても、サポート契約の手数料までは払ってくれません。

そもそも、こうした業者を頼らなくても、**損保の代理店に直接言えば、手数料など取られずに調査し、補償の対象と認定されると保険金は支払われます。**

台風の被害に遭って、さらに詐欺の被害に遭うなんてことにならないように、気をつけましょう！

Hiroko'sEye

「外貨建て生命保険」や「学資保険」など、周囲のすすめに騙されて加入を急がないこと。また、被災した時の修繕詐欺には要注意。

セールス対策③

〝老後の安心につながらない不安倍増保険〟

不安倍増保険①

「2000万円問題」で大人気！「iDeCo」の落とし穴

昨年、大騒ぎとなった、いわゆる「老後資金2000万円問題」。老後資金は最低2000万円必要で、年金だけでは暮らしていけないというものです。

金融庁の狙いは、老後の経済不安を煽《あお》り、みんなを投資商品に向かわせることにありました。

そして、世間的には反発を受けたものの、その狙いは見事に達成され、国民年金連合会による、2019年9月末の「iDeCo《イデコ》（個人型確定拠出年金）」の加入者は、前年同月比34％増の137万9842人に。

「iDeCo」は、投資商品を積立購入していくという金融商品です。

では、本当に「iDeCo」に入れれば、老後は安心なのでしょうか？

ここ最近は、マスコミを巻き込んでさらに加入を促している傾向があるので、本書では詳細に解説します。

「iDeCo」って何？

「iDeCo」は、**月々5000円から1000円単位で一定額を支払い、そのお金で預貯金や投資信託などを買っていくという金融商品**です。

加入の上限額は、自営業者なら月6万8000円（年額81万6000円）、会社に企業年金がない会社員なら月2万3000円（年額27万6000円）、会社の確定拠出年金に加入している会社員なら月2万円（年額24万円）、会社で確定拠出年金や厚生年金に加入している会社員と公務員は月1万2000円（年額14万4000円）、専業主婦（夫）なら月2万3000円（年額27万6000円）です。

「iDeCo」のメリット

「iDeCo」の最も大きなメリットは、掛け金が全額所得控除となること。

仮に掛け金が1万円だったら、年収350万円（所得税率10％）の人には、住民税と所得税（10％）で、年間2万4000円の節税効果があります。

また、通常の金融商品だと、儲かった金額に対して約20％の税金が引かれますが、「iDeCo」は値上がり益も非課税となっています。

さらに、老後に年金か一時金で受け取りますが、受け取る時に税金の控除が受けられます。

「iDeCo」のデメリット

では、「iDeCo」のデメリットとは、どんなものでしょう。

「iDeCo公式サイト」（https://www.ideco-koushiki.jp/guide/）を見ても、メリットばかりが羅列されていて、デメリットについてはあまりはっきりと書かれていないのです。メリットを詳しく知りたい人は「iDeCo公式サイト」を見ていただくとして、ここではデメリットについて詳しく見ていきましょう。

デメリットは、利用する人にもよりますが、主に次の5つです。

①手数料が高い
②60歳まで引き出せない
③納税額が少ない人は、節税効果も低い
④投資商品なので、元本割れのリスクがある
⑤50歳以降に加入すると、受け取り開始が最長65歳の可能性

まず、気をつけなくてはいけない「手数料」からチェックしましょう。

デメリット1

手数料が高い

「ｉＤｅＣｏ」でかかる手数料は、とにかくたくさんあります。

まず、加入する時に、運営主体の国民年金基金連合会に支払う**「申し込み手数料」**で、これは一律２８２９円。

次に、運用期間中は、国民年金基金連合会と資産管理サービス信託銀行に支払う**「加入者手数料」**、運営管理金融機関に支払う**「運営管理手数料」**がかかります。

２つの「加入者手数料」のうち、国民年金基金連合会に支払う加入者手数料は、掛け金を納付した月に１０５円を支払いますが、納付しない月はかかりません。しかし、資産管理サービス信託銀行に支払う加入者手数料66円は毎月かかります。

「運営管理手数料」は、金融機関によってバラバラで、安いところは年間０円というところもありますが、高いところは年間５５００円近くになります。

さらに、国民年金が未納の月や、該当月の「ｉＤｅＣｏ」の掛け金を加入者に還付する必要が生じた月には、**「還付手数料」**として１０４８円が差し引かれます。これは、国民年金基金連合会に支払う手数料ですが、資産管理サービス信託銀行にも４４０円支払います。

なお、60歳になって、年金の給付を受ける際にも、資産管理サービス信託銀行に、**給付のたびに440円の手数料を支払う**ことを覚えておきましょう。

「iDeCo」は、運用する商品を選び、各金融機関で申し込みをしますが、「iDeCo」には、元本保証の積立預金などもあります。銀行なら、積立預金をするのに手数料はかかりませんが、「iDeCo」だと、積立預金でもこれだけの手数料を支払わなくてはなりません。

多くの手数料を払って預金をするというのはナンセンスな話ですから、「iDeCo」をするなら投資信託ということになりますが、投資信託の場合には、別途、「信託報酬」という手数料がかかります。

信託報酬は運用する商品によって異なりますが、預けている額の約0・1%から2%になります。投資信託を長期間保有する場合は、信託報酬の差が大きな差となりますので、注意が必要です。また途中で金融機関を変更する場合は、「移管時手数料」として4400円がかかります。

これだけ手数料を払うなら、手数料以上に儲かる運用をしなくてはいけないのですが、なかには基準価額割れの投資信託もあります。基準価額とは、売り出し時に１万円だった投資信託が、現状で１万円以下になっているものです。

デメリット2　60歳まで引き出せない

２つ目のデメリットは、60歳まで引き出せないこと。

もともと「ｉＤｅＣｏ」は、会社に企業年金がない人や自営業者を対象にスタートした制度。掛け金の全額が所得控除の対象となり、運用益も非課税になるというので多くの人が加入しました。しかし、いまは自営業者も会社員も、60歳まで順風満帆《じゅんぷうまんぱん》という時代ではなくなっています。

リストラされて、子どもを大学に行かせるのにお金が足りないという状況でも、「ｉＤｅＣｏ」での積み立ては引き出せません。

自営業者の場合、儲かっている時には節税できていいのですが、不況になった時に「あの、ｉＤｅＣｏに預けている３００万円を引き出せたら助かるのに」といった事態に直面しないとも限りません。

なので、自営業者で節税したいなら、まずは「**小規模企業共済**」への加入を検討しましょう。月7万円（1000円〜7万円までの範囲内で、増額・減額可能）、年間84万円までの積立金が「iDeCo」と同じように全額所得控除になります。「小規模企業共済」だと、**積み立てているあいだに資金が必要になった時には、積み立てたお金を担保に低利の貸し付けが受けられる**からです。

デメリット3

納税が少ない人は、節税効果も低い

3つ目は、そもそも税金を払っていない人は、「iDeCo」の最大のメリットである節税効果が期待できないということ。

税金を支払っていない専業主婦などは、戻ってくる税金もありませんから節税の恩恵には与《あずか》れません。

また、稼いで税金を支払っている人でも、**住宅ローン控除や医療費控除、生命保険料控除、地震保険料控除、ふるさと納税などで節税の恩恵をフルに受けていると、「iDeCo」の節税効果は低くなってしまいます。**

そもそも会社員は、配偶者控除、扶養控除(子どもが16歳から18歳までは1人38万円、19歳から22歳までの特定扶養親族は1人63万円)など、家族構成によってさまざまな控除があります。

専業主婦の奥さんと大学生の子どもが2人いる年収400万円のご家庭の場合、生命保険などに月2万円の支払いがあれば、払う税金は所得税4000円、住民税3万8500円の合計4万2500円。

このご家庭が、1万2000円まで「ふるさと納税」をすると、税額はさらに減って合計約3万円ということになります。

つまり、どんなに「iDeCo」を積み立てても、普通のご家庭だと、フルに節税効果を使えない可能性があるということです。

デメリット4

「投資」商品なので、元本割れのリスクがある

コツコツ積み立てていけば、まるで積立預金が貯まるように将来大きくなるという錯覚を振りまいていますが、「iDeCo」は投資商品。絶対損をしないという保証は、どこにもないのです。これが4つ目のデメリットです。

「iDeCo」は、金融庁が推し進めているだけに、国が後ろ盾《だて》になっているというイメージが強く、「まさか、国が損をさせるようなことはないだろう」と思っている方もいるようです。

ただ、**国が推奨しようが、金融機関が甘いことを言おうが、「投資商品」であることに変わりはありません。**損をしても救済措置はなく、「自己責任」です。

さらに何度も繰り返すようですが、その「投資」が、決して有利な投資ではないということも覚えておいたほうがいいでしょう。

なぜなら、「iDeCo」の引き落とし日は基本的には毎月26日で、多くの金融機

関がこの引き落とし日のだいたい2週間先に買いのオーダーを出します。

投資信託は、投資商品ですから、日々刻々と価格が変わります。ですから、儲けようと思ったら、安い時に買ったほうが有利ですが、**「iDeCo」は、決まった日の買い付けなので、高くても安くてもその時の価格で機械的に買ってしまいます。**つまり個人でコントロールできないため、投資としては、値上がり益が得にくい構造になっています。

なお、「iDeCo」ですでに投資を始めた方のなかで、初心者の方は、投資商品の価格の先行きを見極めるのは難しいため、毎月一定額で同じ商品を買い続ける「ドルコスト平均法」をすすめられることも多いでしょう。

その場合でも、買い付けるたびに「買い付け手数料」のかかる商品を選んでしまうと、さらに手数料がふくらんでしまうので、買い付け手数料のかからない「ノーロード」の投資信託を選ぶのがポイントです。

デメリット5

50歳以降に加入すると、受け取り開始が最長65歳の可能性

「iDeCo」は、60歳にならないと引き出せませんが、50代の方が始める場合には、引き出しは60歳以上になります。加入期間が10年以上あることが前提だからです。ただし、いま、**この加入可能な年齢については65歳まで引き上げや、60～70歳となっている受給開始年齢の見直しが検討されている**ところです。

長く預けられる反面、長期の物価変動の影響を頭に入れなくてはいけません。

いまはデフレが長く続いているので、あまりピンとこない方も多いかもしれませんが、「iDeCo」はインフレに強いと言われます。インフレになると貨幣価値が下がるので、現金よりも「iDeCo」のような投資商品で持っていたほうがいいというのです。しかし、60歳になった時の経済状況など、誰にもわかりません。

投資なんてするな!

2003年の小泉内閣による「貯蓄から投資へ」という流れで、インフレを前提に日本では「投資」がすすめられてきました。ところが実際には、ここ20年近く、デフレの状態が続いています。ですから、その間に投資目的で土地や株を買った多くの方が損をしてきたのではないかと思います。

しかも、働き方改革で給料は目減りし、消費税引き上げで家計がダメージを受けるなかで、財布の紐はますます堅くなり、このデフレ状態は今後も続きそうです。だとすれば、いま慌ててインフレ対策の「投資」など、する必要がないのではないでしょうか。

バブル崩壊後、景気回復のために国を挙げて「家を買え」大キャンペーンが展開されました。

政府の意向を受けた住宅金融公庫が、住宅ローンの金利を大幅に下げ、「フラット35」という商品を売り出しましたが、フラット35にはそもそも年収制限がなく（ただし返済可能な融資額に設定）、本来ならば家など買えないはずの人にも、家を買わせまくりました。それを応援する大型の住宅ローン減税も、政府から繰り出されました。

けれどその後、多くの人が、住宅ローンを返せずに破綻しました。しかも、国が先導したにもかかわらず、景気浮揚にはつながりませんでした。

「ｉＤｅＣｏ」をはじめとする、国を挙げての「投資をしよう」大キャンペーンに、同じような危険性を感じるのは私だけでしょうか。

「千里の道も一歩から」と言いますが、**安心した老後を迎えるためには、若いうちから老後のために投資をするのではなく、まずは借金をなくし、次に貯金をする。**投資を考えるのは、その後でしょう。

「老後資金2000万円問題」などのフレーズに躍らされることなく、現在の生活を盤石にしてこそ、安心した老後がやってくるのではないでしょうか。

四 不安倍増保険②
「老後のために、個人年金に入る」なんて、おやめなさい

老後が不安だからといって、**「個人年金」をすすめられても加入してはいけません。**若いうちから加入するのは、とくにおすすめしません。

ここでは、「個人年金」がなぜダメなのかをお話しします。

生命保険会社の「個人年金」には、大きく２つのタイプがあります。

１つは、**従来型の「個人年金」**。そしてもう１つは「**変額個人年金**」です。それぞれデメリットを検証してみましょう。

デメリット１ 従来型の「個人年金」は、増えない！

「いま月３万円の保険料を支払うと、将来月５万円の年金が受け取れます」というのが、**従来型の「個人年金」**。

このタイプの年金は、増えるどころか目減りする可能性があります。

なぜなら、53ページでも書いたように、**現在は保険の運用利回り**（**予定利率**）**が低すぎる**からです。かと言って途中でやめたら、高い解約手数料を取られます。

しかも年金ですから、受け取りが30年後とか40年後になり、その頃の物価など予想もつきません。極端な例ですが、将来、ラーメン1杯が5万円になっているかもしれません。

そもそも、すべての保険会社が破綻せずに、生き延びられるとは限りません。保険会社が破綻しても、生命保険と同じように、生命保険契約者保護機構（60ページ参照）によって年金は確保されますが、年金額が削られる可能性が高いので、「個人年金」は大ダメージを受けます。これでは何のために入っているのかわかりません。

ただし、過去の運用利回りが高かった頃に加入した年金は、低金利のいまでも高い運用利回りが引き継がれているので、このまま解約せず大切にしましょう。

デメリット2 「変額個人年金は運用次第で増える」の落とし穴

もう1つの個人年金「変額個人年金」は、預かったお金を、株や債券などで運用していく金融商品で、この商品が爆発的に売れたのは、2002年10月に銀行が窓口で保険商品を販売し始めてからです。

「変額個人年金」とは、ひと言で言えば、「投資信託」を「年金」という包装紙でラッピングした商品。ですから、皆さんが払ったお金は、「投資信託」で運用されます。「投資信託」で運用されるので、毎月「信託報酬」という手数料を支払わなくてはなりません。さらに、「年金」という包装紙でラッピングするので、そのラッピング代（保険関係費）もかかります。つまり、**かなり高い手数料を払う金融商品**になります。

もちろん、「変額個人年金」は、運用次第で年金が増える可能性も減る可能性もある商品ですから、増えれば問題はありません。

ただ、手数料で3％くらいは引かれてしまうので、増えるには、満期時まで、平均でも5％くらいで運用しなくてはなりません。

こんな低金利の時代に、そんなことができるとはとても思えません。

デメリット3

損を出しすぎて、販売停止になることがある

もう1つ、「変額個人年金」が怖いのは、損をするとリカバリーできない可能性が

あること。

投資信託で運用しているとはいえ、「年金」である以上、**契約時に決めた受け取り開始年齢までに大幅な運用損が出てしまうと、金融機関の運用計画が狂ってしまいます。**

そこで、ある程度まで損を出したら、それ以上損をしないように、「売り止め」（募集停止）や「休止」という対策が取られます。

もし、「売り止め」になったら、その年金はどうなるのか。

たとえば、ある「変額個人年金」では、1000万円を預けたのに運用損で800万円を切ってしまい販売停止になりました。

もし、その時点で引き出したら800万円しか戻りませんが、期間満了後、引き出さずに15年間、年金としてもらい続けたら累計で1000万円もらえることが確定しています。

ただ、15年間分割してもらうにしても、トータルで支払った1000万円しか戻ってこないのですから、何ために投資したのかわかりません。しかも、その間に物価が上がれば、実質的には大切な虎の子が目減りしていくことになります。

いま、郵便局のホームページでは、３つの「変額個人年金」を売っています。

ただし、そのページの下のほうを見ると、「募集停止の商品」というカテゴリーがあり、**すでに７つの「変額個人年金」の商品が募集停止になっています。**それだけ、悲惨な状況の人がいるということです。

デメリット４　老後までに、保険会社のほうが消滅する危険性もある

じつは、日本で最初に「変額個人年金」を売り出したのはハートフォード生命というところですが、リーマン・ショックの時に「売り止め」「休止」が続出し、会社は消滅しました。

日本のハートフォード生命の親会社は、１９９０年代のアメリカの好調な株式相場に支えられ、多額の「変額個人年金」を売りまくって大きくなった会社です。

けれど、リーマン・ショックで「変額個人年金」の運用が悪化して身動きが取れなくなり、米国財務省から約３０００億円の資本注入を受けています。

日本のハートフォード生命は日本法人の別会社ですが、同様にリーマン・ショックの影響で運用が立ちゆかなくなり、2009年6月に新規の保険販売を停止しました。当時の保有契約件数は約56万件、総資産3兆2000億円（2009年3月末）。これだけの人が加入していたのですが、この時点で、「将来、運用で大きく増える」という夢を断たれ、加入者は、目減りした年金をその時点で受け取るか、将来まで持ち越して実質目減りする年金を受け取るかという選択を迫られたのです。

その後、日本のハートフォード生命は、2014年7月に全株式をオリックス生命に売り渡し、翌年、オリックス生命に吸収合併されました。

年金は、皆さんの老後を支えるためにあるはずのものです。けれど、老後を支えてもらう前に、加入した保険会社が先に消滅してしまったら、主客転倒でしょう。

Hiroko'sEye

国を挙げてのキャンペーンに惑わされて「iDeCo」や「個人年金」に入らないこと。現在は超低金利時代。投資をするより貯金に回すべき。

第4章

膨らむ介護費も公的保険でOK！

月数万円に抑えるマル秘テク

ある程度の年齢に達すると、気になるのが、**介護費用**です。

生命保険文化センターが、約4000人を対象に行なっている「世帯主または配偶者が要介護状態となったら、公的介護保険以外にどれくらい必要か」というアンケートによると、回答の平均金額が、なんと2983万円でした（「生命保険に関する全国実態調査」2018年度）。

1人約3000万円、夫婦2人でなんと約6000万円が必要と思っているのです。

ただ、介護経験がある人にも質問すると、**介護で必要だった自己負担額は1人約500万円。つまり、夫婦2人なら約1000万円**という回答が得られました。

夫婦で約6000万円の介護費用がかかると言われると不安になりますが、2人で1000万円と聞くと、ちょっとホッとするのではないでしょうか。

なぜ、1000万円ですむかといえば、「介護保険」があるからです。

「介護保険」についてしっかりとした知識を持ち、有効に使うべきです。「自分はまだ大丈夫」と思っていても、急に介護が必要になるものです。

本章では、介護保険を有効に活用する方法をお伝えします。

負担減テク①

介護の自己負担額を低く抑える「介護保険」活用法

日本では、40歳になると「介護保険」に加入して、保険料を支払うことになっています。

そして、65歳以上になり、**介護の必要が出てきた場合、基本的には1割負担、年収の高い方は2割負担、あるいは3割負担で介護サービスが受けられます。**

3割負担の方は、年金とその他の収入を合わせて夫婦で月40万円近くもらっている方です。介護が必要なのにそれだけの収入がある方は少ないので、この章では割愛します。

「介護保険」は、介護のレベルによって要支援1〜2から要介護1〜5まで7段階に分かれて、それぞれ異なるサービスが受けられます。

介護のレベルが高くなるに従って支給額も上がり、寝たきり状態の要介護5なら、

■4-1　「介護保険」の自己負担額（高額介護サービス費制度未使用の場合）

	支給限度額	自己負担額（1割）	自己負担額（2割）
要支援1	50,030円	5,003円	10,006円
要支援2	104,730円	10,473円	20,946円
要介護1	166,920円	16,692円	33,384円
要介護2	196,160円	19,616円	39,232円
要介護3	269,310円	26,931円	53,862円
要介護4	308,060円	30,806円	61,612円
要介護5	360,650円	36,065円	72,130円

月約36万円のサービスを受けられます。この場合、一般の方の自己負担額は1割負担の約3万6000円になります（上表4－1参照）。

自己負担額をより抑える「高額介護サービス費制度」

前述の通り、「介護保険」は、年収によって自己負担額が1割から3割まで変わります。だからといって要介護5で2割負担の人が、7万2130円を超える介護サービスを受ける場合、すべて自己負担になるのかといえば、そうではありません。

「介護保険」には、この自己負担を軽くする「高額

介護サービス費制度」があります。

医療費には、医療費の自己負担を軽くする「高額療養費制度」（81ページ）がありますが、同じように、介護サービスでも、一定額を超えたらそれ以上は払わなくてもいい制度があるのです。

「高額介護サービス費制度」の上限額は、収入によって違いますが、どんなに高収入の方でも月額の上限は４万４４００円となっています。自治体の保険年金課などが窓口となりますので、面倒がらずに申請しましょう。

介護費と医療費の負担を減らす「高額介護合算療養費制度」

さらに、１年間の医療費と介護保険の自己負担額があまりに大きくなったら、それを軽減する制度もあります。

医療と介護には、切り離せない部分が多くあります。

病院で診てもらったら、治療が長引き介護に回されたとか、介護施設にいたら病気

■4-2 「高額介護合算療養制度」の活用例

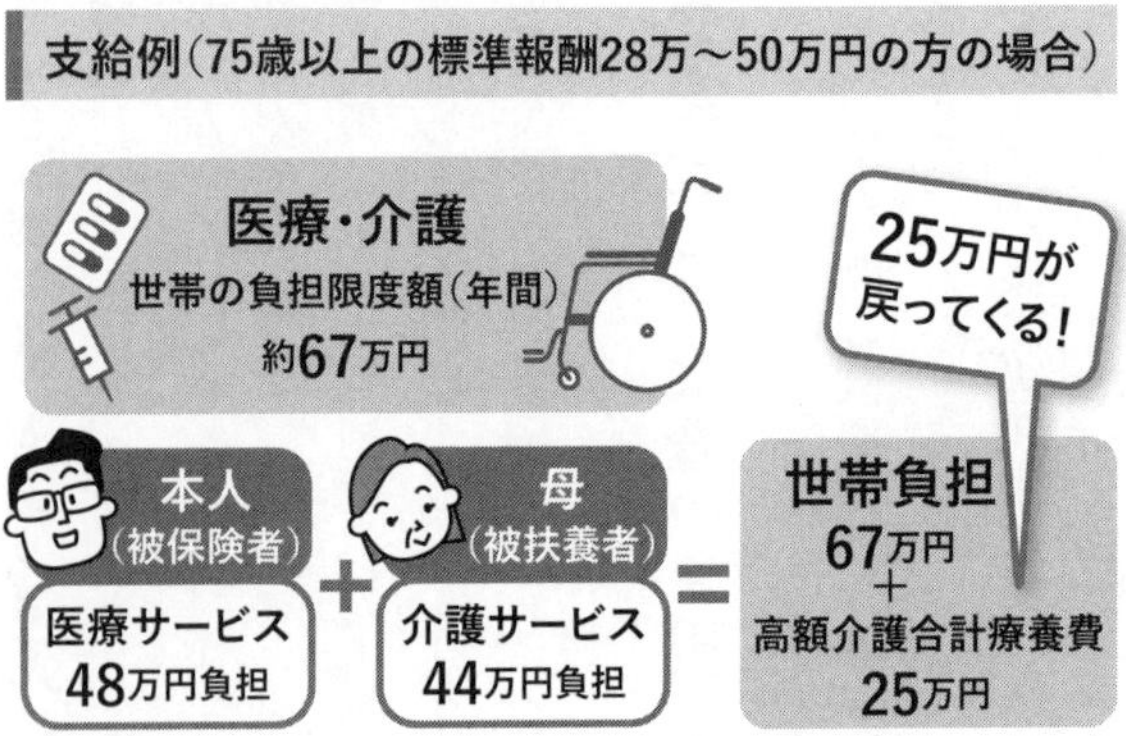

になって入院したといったケースは、往々にして起こります。

そこで、**世帯内で1年間にかかった医療費と介護費が高額になってしまったら、これを軽減する「高額介護合算療養費制度」**があります。

「高額介護合算療養費制度」を活用すると、同じ保険に加入している家族なら、**毎年8月から1年間の自己負担額は最高でも67万円**になります。ただし、医療保険・介護保険の自己負担額のどちらかが0円の場合は適用されません。

たとえば、自分が9月に入院して年間に48万円の医療費がかかり、扶養している69歳の母が年間に44万円の介護サービス費がかかったとしましょう。

この場合、２人合わせて92万円になりますが、「高額介護合算療養費制度」を使えば自己負担額が67万円になるので、自治体の保険年金課などに申請すれば25万円が戻ってきます（前ページ図４－２参照）。

ちなみに住民税非課税などの低所得者の方だと、負担上限額は34万円。

また、75歳以上のご家庭の場合には、一般の方で上限が56万円、低所得者の方で31万円、とさらに負担上限額が低くなります。

Hiroko'sEye

介護のレベルや収入に応じて自己負担額は変わるので、まずは自分がどこに該当するかをチェックすること。また、「高額介護サービス費制度」「高額介護合算療養費制度」などを活用すれば、自己負担額を抑えることができる。

負担減テク②

会社を辞めず、〝特別休暇〟を使い倒す

高齢化が進むなか、親の介護のために会社を辞めざるをえないという人も増えています。現在、**介護離職は年間10万人にものぼる**と言われています。

しかし、いったん会社を辞めてしまうと、正社員としての復帰は難しい。

そんな時に使いたいのが、**「介護休暇」と「介護休業」**。どちらも、家族の介護が必要になった時に取得できる休みです。

名前が似ているので同じようなものと思われがちですが、この2つの制度は、**介護で休める日数が違います。**

「介護休暇」は、パートでも取得可能

「介護休暇」を利用して取れる休みは、介護が必要な家族1人につき1年で5日。介護する家族が2人以上の場合には、最大10日まで取得可能です。

半日単位で取ることができるので、半日ずつだと年間20日取れます（業務や働き方によっては難しいケースもあります）。

「介護休暇」は、条件次第では、正社員だけでなく半年以上雇用されているパートでも取得可能です。

介護休暇期間中の賃金の給付については、法的に定められているわけではなく、会社の裁量となります。

「介護休業」は長期間休めるが、給料は支払われない

「介護休暇」は短期でしか取れませんが、「介護休業」なら、長期で休みが取れます。**介護期間が長期になる人は、「介護休業」を取得しましょう。**

「介護休業」は、対象家族1人当たり93日まで。分散して取得することも可能で、3

回まで分けて取得することができます。

同じ事業所で1年以上働いていて、ある程度は継続的に働く見込みのある人が対象です。もし、「介護休業を取りたい」という申し出があれば、事業主は、その申し出を断ることはできません。

休業中の給料は、労働基準法に規定がないので、会社が賃金を支払う義務はありません。そのため、会社によっては無給というところもあり、そうなると収入が極端に減って生活していけない可能性が出てきます。

もし、**会社からお金が出なかったり、著しく賃金が低下する場合は、申請すれば、雇用保険から「介護休業給付金」が、最長93日間給料の約3分の2が支給されます**（申請は原則事業主を経由して行いますが、本人が、事業主を管轄するハローワークに申請することもできます）。

要介護状態の家族を介護している人なら、請求すれば、深夜帯（午後10時から午前5時）の仕事をしなくてもいい「深夜業免除の制度」もあります。

ただし、これによって事業が正常に運営できなくなる場合などには使えません。

有給休暇①
正社員には「年間10日」が義務化

なかには、「介護休暇」や「介護休業」を取得せず、有給を使っている方もいるでしょう。それも効果的だと思います。

しかし、パートの場合はどうでしょう。「パートだと、介護で休みたくても有給休暇は取れない」と思っている方も多いのではないでしょうか。

じつは、２０１９年４月から、働く人の有給休暇が、義務化されています。有給休暇とは、労働基準法第39条で認められている、休んでも会社がお金を払ってくれる休暇です。

これまで有給休暇は、働く人の「権利」でした。ですから、取らせなくても事業者に罰則はなかったのですが、２０１９年４月からは、雇用主が有給休暇を取らせないと、雇用主が罰せられることになりました。

働く人にとっては、「権利」よりも強い「義務」になったということです。

正社員の場合には、会社に勤めて6ヶ月以上たち、労働日数の8割以上働いていれば、年間10日の有給休暇を取らなくていけません。

つまり、風邪をひいたり、やむをえない事情があって会社を休んでも、その休みの日数が、決められた労働日数の2割を超えなければ、有給休暇は取れます。

そこから、1年継続して働くごとに有給休暇は増え、6年6ヶ月を過ぎると年間20日の有給休暇が取れるようになります。

また、**パートでも、正社員同様にフルタイムで働いている人は、正社員と同じ日数だけ有給休暇が取れます**（週に30時間以上5日以上の勤務、または1年間の所定労働日数が217日以上）。

有給休暇②

週1日で働くパートにも、有給休暇はある

パートでも、正社員同様に働いている人は、正社員と同じ日数だけ有給休暇が取れますが、フルタイムで働いていない人の場合はどうでしょう。

フルタイムで働いていないパートでも、6ヶ月以上継続して働き、自己都合での休みが2割以内なら、有給休暇は取れます。ただし、次ページの表４−３のように、フルタイムのパートに比べると、有給休暇の日数は少なくなります。

週に４日働いているパートだと、半年後からもらえる有給休暇は年間７日。その後1年継続して働いていると有給休暇は８日に増え、さらに1年働くと９日になり、３年半で10日と徐々にもらえる有給休暇が増えて、６年半務めると年間15日の有給休暇がもらえるようになります。ただし、日数はこれ以上増えません。

週３日のパートで半年以上働いていれば、有給休暇を年５日取得できます。週２日

■4-3　パートでも有給休暇はもらえる

	週所定労働日数	1年間の所定労働日数※	継続勤務年数						
			0.5	1.5	2.5	3.5	4.5	5.5	6.5以上
付与日数	4日	169日～216日	7日	8日	9日	10日	12日	13日	15日
	3日	121日～168日	5日	6日	6日	8日	9日	10日	11日
	2日	73日～120日	3日	4日	4日	5日	6日	6日	7日
	1日	48日～72日	1日	2日	2日	2日	3日	3日	3日

※週以外の期間によって労働日数が定められている場合

のパートだと、半年以上働いて年3日の有給休暇。週1日だと、半年以上働くと1日の有給休暇がもらえます。

有給休暇③

「義務」なのは、週3日以上働くパートに限られる

正社員でもパートでも、半年以上勤めていれば有給休暇がもらえます。

そのうえで、先述の通り、年間に10日以上の有給休暇がある正社員やパートが有給休暇を取っていなかったら、2019年4月からは、雇用主が罰せられることになりました。

本人が休みたくないと言っても、**年間に10日以上の有給休暇がある人が有給休暇を取っていない**

と、雇用主は5日以上の有給休暇を無理矢理にでも取らせなければ、対象者1人につき30万円以下の罰金（もしくは6ヶ月以下の懲役）を課せられます。

具体的には、正社員やフルタイムのパートはもちろん、週4日働くパートで勤続年数3年6ヶ月以上の人、週3日働くパートで勤続年数5年6ヶ月以上の人が対象となります。

残念ながら、週1日や2日の勤務のパートは、年間の有給休暇が10日に満たないので、雇用主の罰則の対象とはなりません。

Hiroko'sEye

「介護休暇」「介護休業」を使いこなせば、介護離職をせずに、給料をもらいながら介護ができる。「有給休暇」もうまく使うこと。

負担減テク③

「親の介護費用」が医療費控除の対象になる

「医療費控除」については第5章で詳しく解説しますが、これは、1年間にかかった医療費をまとめて確定申告すれば、払った税金が戻ってくる制度です。

じつは、意外と知られていないのですが、**「親の介護費用」も「医療費控除」の対象になる**ということ。

にわかには信じがたいかもしれませんが、本当です。

介護で「医療費控除」の対象となるものには、施設に預けた時にかかる**「施設サービスの対価」**と、自宅で介護した時にかかる**「居宅サービス等の対価」**があります。

それではまず、「施設サービスの対価」から見ていきましょう。

施設サービスの対価

自己負担額が控除の対象に

介護が必要な親を、介護施設に預けている方は多いと思います。

じつは、介護費や食費、住居費が「医療費控除」の対象となる施設があります。

対象となるのは、**特別養護老人ホーム（指定介護老人福祉施設）、指定地域密着型介護老人福祉施設、介護老人保健施設、指定介護療養型医療施設、介護医療院。**

特別養護老人ホームや指定地域密着型介護老人福祉施設については、介護保険で提供される施設サービス費のうちの、自己負担額の2分の1が医療費控除の対象となります。

介護老人保健施設、指定介護療養型医療施設、介護医療院については、リハビリや治療をするため、介護保険で提供される施設サービス費のうちの自己負担額が医療費控除の対象となります。

ただし、介護保険の対象とならない日常生活費（理美容代）や日常生活で必要なも

■4-4　医療費控除の対象となる施設

施設名	医療費控除の対象	医療費控除の対象外
指定介護老人福祉施設【特別養護老人ホーム】指定地域密着型介護老人福祉施設	施設サービスの対価（介護費、食費及び居住費）として支払った額の２分の１に相当する金額	①日常生活費 ②特別なサービス費用
介護老人保健施設	施設サービスの対価（介護費、食費及び居住費）として支払った額	〃
指定介護療養型医療施設【療養型病床群等】	〃	〃
介護医療院	〃	〃

出典：国税庁ホームページより

のを購入する費用は、「医療費控除」の対象にはなりません。また、グループホームや有料老人ホームでの介護サービスも、同じく対象外となるのでご注意を。

居宅サービス等の対価

訪問入浴、オムツ交換まで対象になることも

次に「居宅サービス等の対価」です。

自宅で介護をする場合、訪問看護や訪問リハビリテーション、医療機関でのデイサービスやショートステイなど、かなり幅広いサービスを利用している人が多く、介護保険を利用しても、どうしても自己負担額は増えます。

この自己負担額が、「医療費控除」の対象とな

ります。かなり細かい規定があるので、詳しくは国税庁のホームページで調べてみてください（https://www.nta.go.jp/taxes/shiraberu/taxanswer/shotoku/1127.htm）。

また、「医療費控除」対象の居宅サービスとセットなら、夜間のオムツ交換や訪問入浴サービスなども対象に含まれます。ただし、福祉用具の貸し出し料金や生活援助のサービスなどは対象外となっています。

介護期間は平均で5年と言われています。自己負担も多くなるので、取り戻せる税金があるなら、ぜひ申請しましょう。

Hiroko'sEye

親の介護費用のうち、施設サービスと居宅サービスの対価は、医療費控除の対象になる。ただし、対象外のサービスもあるので確認すること。

負担減テク④

遠距離介護に使える！介護割引&節約術

遠く離れた場所に住む親を介護する「遠距離介護」には、お金がかかります。そのための交通費も、回数が増えればバカになりません。そこで、遠距離介護をする人が活用できる、交通各社の割引をご紹介します。

使える！ 航空券割引

航空会社の割引は、ＪＡＬだけでなく、ＡＮＡ、スターフライヤー、ソラシドエアなど、かなりの航空会社が制度化しています。時期によっても違いますが、**最大3割~4割引き**になります。

たとえば、**ＪＡＬの「介護帰省割引」は、介護認定をされた人の子どもなど一定条件をクリアすれば、最大約43％引きになります。**「ＪＡＬカード」か「ＪＭＢカード」を事前に作成し、登録しておけば簡単に使えます。

使える！　ＪＲ割引

ＪＲには、介護帰省割引はありませんが、その他の割引を利用すれば、帰省費用を安く抑えられます。

たとえば、ＪＲ東日本とＪＲ北海道の「大人の休日倶楽部」。「ミドル」と「ジパング」の2種類があり、「ミドル」は、男性50～64歳、女性50～59歳なら入会でき、切符代が5％引きに。**「ジパング」は、男性65歳以上、女性60歳以上が入会条件で、切符代が30％引きになります**（それぞれ年会費２６２４円、４３６８円〈税込〉が必要）。その他のＪＲ各社の「ジパング倶楽部」にも同様の割引があります。

また、東海道新幹線と山陽新幹線には「エクスプレス予約」があり、区間にもよりますが、7～15％引きになるので積極的に活用しましょう。いずれも年会費はかかります（年会費１１００円〈税込〉）。

使える！ 夜行バス

遠距離でも、比較的料金が安いのが高速バス。**夜行バスなら、東京〜大阪間でも、平日で利用者が少ない時期は、2200円という激安価格のものも。**土日は高くなりますが、それでも4000円程度です。バスの車中泊でもOKという人は、帰省先での時間を有効活用できます。

「ケアマネジャー」は替えられる

限られた資金で、できるだけよい介護を受けたいと思ったら、まずは介護に精通しているプロを味方につけるべきでしょう。

不慣れな介護の水先案内人になってくれるのが、「ケアマネジャー」です。**「ケアマネジャー」は、自治体の地域包括センターの窓口や、退院時の病院などで紹介してもらえます。**

まず自治体で介護認定を受けたら、自治体で紹介してもらった「ケアマネジャー」

と会って、ケアプランの相談をしてみましょう。かかるお金から施設の紹介まで、あらゆる相談にのってくれます。

「ケアマネジャー」は、介護、医療、福祉分野などでなんらかの国家資格を持ち、実務経験が5年以上ある人か、5年以上の相談援助業務経験がある人で、さらにケアマネジャーの試験に合格した人でないとなれません。そんなプロに頼んだら、かなりお金がかかるのではないかと思いますが、**すべて介護保険で賄《まかな》われるので費用はかかりません。**

ただし、「ケアマネジャー」も人間です。

知識が豊富な人もいれば、あまりよくわかっていない人もいる。また、自分と考え方が合う人、合わない人もいます。合わない人が相手だと、なかなかスムーズに、望む介護を受けられないかもしれません。

ですから、とにかく自分に合ったよいケアマネジャーを探すことが大切。

じつは、地域包括センターで紹介してもらった「ケアマネジャー」でも、どうしても合わないと思ったら、替えることができます。

「介護貸付」は、まず自治体から検討すべし

高額な介護費用は、申請すれば戻ってきますが、介護費用が足りなくなってしまい、お金を借りなくてはならないケースもあることでしょう。

一時的に介護費用が必要になったら、金利の高い金融機関に行かず、まずは最寄りの自治体に「介護貸付」の制度がないか調べてみましょう。

たとえば、**東京都の子育て・介護支援融資「すくすく・ささえ」では、都内在住・在勤で介護休業中の中小企業従業員に対して、年利1・3%（令和2年3月31日までに申し込みの場合。令和2年4月1日以降は1・5%になります）で、100万円まで貸りられます。**

このお金は、介護休業中の生活費に使えるだけでなく、介護費用、介護に必要な物品の購入費用などにも使えます。ろうきんや信用組合が窓口となっていますので、最寄りの店舗でご相談ください。

また、全国の社会福祉協議会などが窓口になっている**「生活福祉資金貸付制度」**もあります。

介護サービスを受けるのに必要な経費やその期間の生活費などにも使え、介護サービスを受ける期間が１年を超えない時に１７０万円、１年〜１年６ヶ月までで世帯の自立に必要な時は２３０万円まで借りられます。

利子は、連帯保証人がいれば無利子、連帯保証人を立てられない場合には年１・５％となっています。

Hiroko'sEye

介護費用は医療費控除の対象になったり、遠距離介護も交通費の割引制度で費用を抑えられる。どうしてもお金が足りなくなったら、公的機関の介護貸付制度を利用する。

第5章

病院をとことん使い倒せ!

医療費を抑えるコツ大全

薬代の節約①

処方箋で出してもらう薬は、院内薬局で受け取る

毎月の医療費には、診療代だけでなく薬代も含まれます。

そこで本章では、薬代を抑えるコツ、医療機関受診のコツ、医療費控除などについて詳しくお伝えします。

通常、医師が診察して出してくれる処方箋《しょほうせん》を持って調剤薬局にいき、薬を購入しますが、薬局ならどこでも薬代は同じだと思っていませんか？

じつは、病院でもらった同じ処方箋で出してもらう薬でも、**調剤薬局が違えば価格が違う**ということがあります。

なぜ、同じ処方箋なのに、調剤薬局によって価格が違うのでしょうか。

保険適用となる薬の薬価は国で定められたもので、どこも同じです。**変わるのは、調剤技術料という薬代に上乗せされる料金**です。

ざっくり言えば、たくさん薬を扱う調剤薬局は、扱う薬の量が多いので薄利多売で手間賃（調剤技術料）がそれほど高額でなくてもやっていけますが、病院から遠く離れた薬局では、利用者（患者）が少ないため手間賃が高くなる傾向があります。

つまり、患者さんに最も利用されやすい、**病院の院内（敷地内）の薬局が最も安く薬を出すことができ、次が病院の前にある門前薬局、大規模にチェーン展開している大手ドラッグストア、街の薬局**という順になる傾向があります。

薬剤師の技術料によって価格が変わる

私たちが薬局に支払うお金は「**調剤報酬**」と呼ばれていて、この「調剤報酬」は、一般的には次の3つを合わせたものです。

①「薬剤料」
②「薬学管理料」
③「調剤技術料」

①の「薬剤料」は、いわば国が定めた薬価に沿った薬の価格。ですから、どこでも同じ価格です。

②の「薬学管理料」は、患者さんが薬を安全に使用するための管理料や情報提供などの服薬指導料に当たる料金。これも、ほぼ同額です。

最も変動するのが、③の「調剤技術料」。前述の通り、これは、薬局の規模やサービスで決められている薬剤師の技術料に当たる料金で、1ヶ月に引き受ける処方箋の枚数や患者の集中度合などで料金が変わります。

ちなみに、右記の3つ以外に、糖尿病の治療で用いるインスリンや在宅医療で使用する輸液などの特定の医療材料に当たる「特定保険医療材料料」なども料金に加算されます。

公的保険の利用対象者なら、診療代だけでなく薬代も3割負担。そのため、院内薬局と街の薬局とでは、最大で90円ほどの差が出ます。

ただ、院内薬局は混み合っていて時間もかかりそうなので、90円くらいの差なら家の近くの薬局でいいという人もおられるでしょう。

それは、ご自分で判断してください。

Hiroko'sEye

医師の出す処方箋で薬を安く手に入れるには、院内薬局がベスト。

薬代の節約②

医師に薬代を安く処方してもらう方法

では、医師が出す薬代そのものを安くする方法はあるでしょうか。

よくあるのは、慢性的な症状で、長く同じ薬を使い続けている方が薬を余らせているケース。

けれど、医師の処方箋を薬局に持って行き、「7日分余っているので、薬を減らしてくれませんか」と言っても、「医師が処方しているので、それはできません」と断られてしまうことが多くありました。

そこで、厚生労働省は、平成30年度の診療報酬改定で、**処方箋の記載よりも少ない日数分の薬を出す際のルールを明確化**しました。

薬局で「薬が余っている」と伝えると、薬剤師が、薬の量を減らし、同時に処方箋を出した医師にその理由を伝えるようにしたのです。

ですから、**慢性的な病気などで家にまだ飲みきっていない薬があるなら、処方してもらう薬の量を減らせば、薬代は安くなります。**

受診回数を減らす

また、慢性的な病気の場合には、飲む薬も決まっているので、一度にたくさんの量を出してもらえると経済的です。

医師に処方箋を書いてもらって薬局で薬をもらう際には、医師の診察料や投薬料、薬局の「調剤報酬」がかかります。**月に1回薬を出してもらうケースと、2ヶ月に1回、倍の薬を出してもらうケースでは、後者のほうが1回分医師の診察料や投薬料、薬局の「調剤報酬」が減らせます。**

ただし、薬剤師が勝手に薬の量を増やしたり減らしたりすることはできません。受診の際に、医師に「月に2回通院するのは大変なので、月1回にしてもらえないでしょうか」と相談してみましょう。

症状が落ち着いていれば、「では、2ヶ月に1回にしましょう」と言われ、2倍の量の薬を出してもらえる可能性は高いです。

薬の服用管理は自分でやる

薬がたくさんあると、どれをいつ飲めばいいか、わからなくなることがあります。そんな時に便利なのが、複数の錠剤をシートから出して、一度に服用する薬の分だけ一包（ワンセット）にしてくれるサービス。ただ、すべての錠剤をシートから出して1回分ずつにまとめるには、それなりの手間がかかります。ですから、こうした作業を頼むと、「一包化加算」という料金が発生します。

そこで、**受診時に医師が一包化の指示を出しても、「薬の管理は自分で行なうので、一包化しなくていいです」と断るとその分だけ安くなります。**

自分で薬の管理ができないという人は一包化してもらったほうがいいかもしれませんが、そうでなければ、薬は、だいたい朝、昼、晩に飲みます。ですから、**食卓に「朝食後」「昼食後」「夕食後」と書いたケースを置き、その中に、飲む薬を分けて入れておくといいでしょう。**

Hiroko'sEye

慢性的な病気などで症状も安定している場合、受診する回数を減らせば、薬代も安くできる。

薬代の節約③

効果が変わらず安い！ジェネリック医薬品

もう1点、薬代が安くなる方法をお教えします。

それば、医師から出してもらう薬を**ジェネリック医薬品**に替えること。

ジェネリック医薬品とは、発売されて20年から25年経過し、特許が切れた薬です。成分はほとんど同じですが、**価格は通常の薬の2～8割安くなります**。ジェネリック医薬品を普及させるために、国も「後発医薬品調剤体制加算」という特典を付けています。薬を薬局でもらうケースだと、「ジェネリック医薬品でもいい」と言えば、薬局で出してもらえます。

まずは、数日分だけ試してみる

ジェネリック医薬品と聞くと、ちょっと聞きなれないので、自分に合うかどうか、効くかどうか不安に思う人もいることでしょう。

ジェネリック医薬品を初めて服用する場合、**お試しで数日分だけ出してもらうことができます。**

もし、それで日頃飲んでいる薬と同じ効果が確認されれば、以降はジェネリック医薬品を続ければいいし、違和感があれば、元の薬に戻せばいいのです。

これは、処方箋に記された薬を複数に分けて受け取る「分割調剤」の一環として対応してもらえます。ただし、この方法を試すには、処方箋を出してもらう際に医師の指示が必要なので、担当医に相談してみるといいでしょう。

Hiroko'sEye

かなり広まってきたジェネリック医薬品だが、数日のお試しもできるので、自分に合うようなら、ジェネリック医薬品に切り替えることで薬代はかなり節約できる。

薬の購入先

薬局との上手な付き合い方

「病院に行くのは時間もお金もかかるので、なるべくなら市販の薬で対処したい」と思う方は多いでしょう。でも、ちょっと待ってください。

とくに花粉症などで悩んでいる人だと、2ヶ月、3ヶ月と市販の薬を服用し続けなければならず、その分薬代がかさんでしまいます。

こうした場合は、医師の診療を受けたうえで薬を処方してもらったほうが、安くなるかもしれません。

医師の診察を受けて薬を処方してもらうと、公的保険が適用されるので普通の人なら自己負担が3割になり、薬代が高額になると、「高額療養費制度」で支出が抑えられるからです。毎年、多額の薬代がかかっているという人は、一度、比較してみるといいかもしれません。

■5-1　医薬品のネット販売の流れ

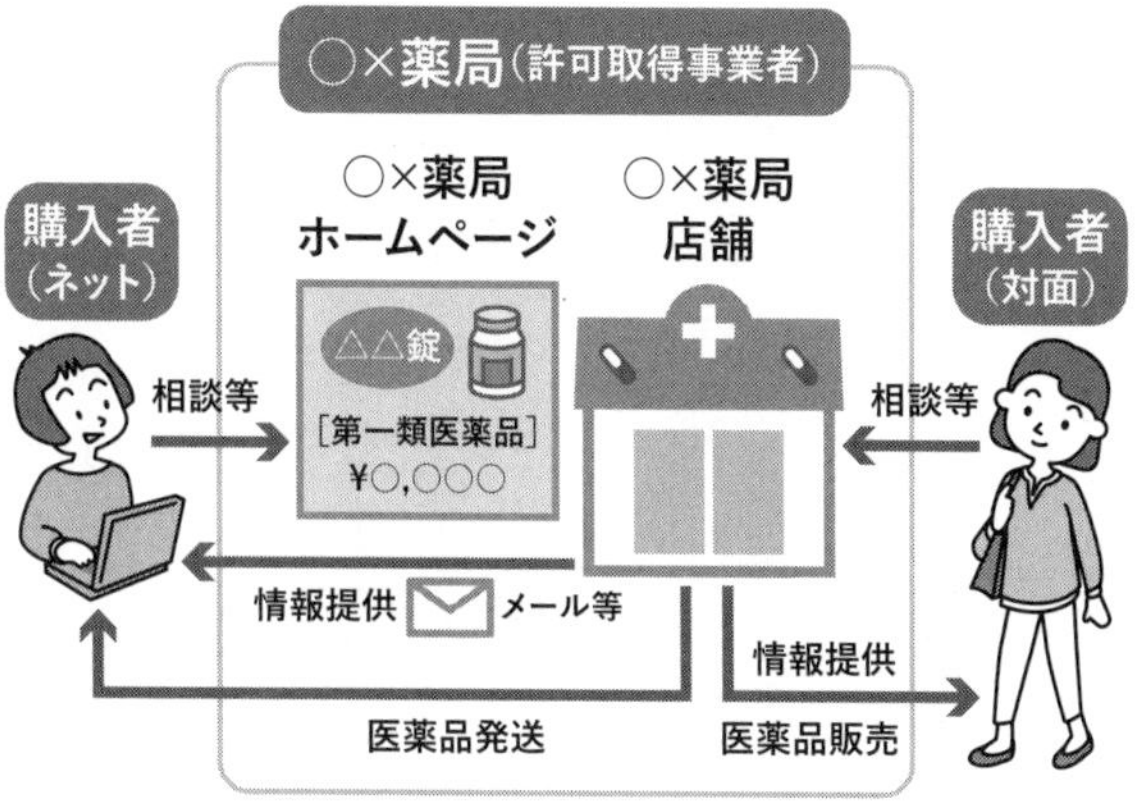

インターネットでも薬は買える

一般用医薬品は、インターネットでも購入できます。

ネットで薬を買うのは少し不安かもしれませんが、大丈夫。

一般用医薬品のインターネット販売は、認可を受けた実店舗がある薬局・薬店に限られます。また、その店舗に貯蔵、陳列している医薬品しか販売できない決まりがあります。

インターネットで薬の販売をする場合には、保健所への事前届出をし、ホームページ上に、実店舗の写真、薬の陳列状況、勤務す

る薬剤師や登録販売者の氏名など必要事項を掲載しなくてはなりません。また、彼らは、利用者の状態をしっかり確認し、その状況に応じた情報提供を行なわなくてはならないのです。

たとえば、「○×風邪薬は、1日3回食後に服用し、3日以上服用しても症状が改善されない場合には〜」という具体的な情報提供などを、薬剤師や登録販売者の氏名、実店舗の所在地、電話番号を添えて伝えてくれます。これを見た購入者がその情報を理解したら、メールを返すといったこまめな対応が義務付けられています。決して、売りっぱなしではないのです。

ただし、インターネットのサイトのなかには、アフターフォローが何もなく、いかがわしい薬を売りつける業者もあるので、騙されないようにしましょう。

薬を届けてくれる薬局もある

病院で処方された薬でも、薬局に行き服薬指導を受ければ、後から宅急便で家に届けてもらうことができます。その場合、届けるのは薬剤師ではなく宅配業者でもオーケーです。

また、**在宅医療サポートの一環で、薬剤師が訪ねてきて、薬に関する疑問や悩みに答えてくれる「薬剤師訪問サービス」**もスタートしています。

利用対象者は、歩行困難や認知機能の低下などで介護が必要な人、自宅での薬の管理に不安がある人で、医師が薬剤師訪問サービスの必要性を認め、指示しているケース。また、患者本人や家族の同意も必要です。

利用している公的保険や住まいの状況などによって費用は変わりますが、薬代に、**プラスαとして薬剤師の訪問費用が加わります。**「介護保険」を使えば、このプラスαの部分は、１回５００円前後と思えばいいでしょう。

ただし、点滴や注射薬などは、無菌調整室などの設備のある薬局の店舗のみの対応となるケースが多いので、薬局に直接問い合わせてください。

薬は命に直結するものです。単に安ければいいというものではありません。

街の小さな薬局でも、じっくり相談に乗ってくれて親身な対応をしてくれるところだと、病気で弱っている人にとっては、薬にも匹敵する励ましになるかもしれません。

また、わざわざ自宅まで薬を届けてくれるサービスでは、多少のお金はかかっても、歩行が困難な高齢者などには力強い味方になってくれます。

こうしたサービスの利用も検討し、総合的に考えて、自分にあった薬局選びをしましょう。

Hiroko'sEye

薬の購入先は複数ある。価格だけにとらわれず、自分の悩みに応えてくれる場所で購入すること。

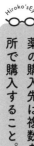

お薬手帳

進化した「お薬手帳アプリ」で、薬の飲み忘れ防止

皆さんは、「お薬手帳」を持ち歩いていますか？

頻繁に薬をもらう人は、**「お薬手帳」を持っていると、便利でおトクなサービスを受けられます。**

「お薬手帳」とは、自分が服用する薬名や分量、日数、使用法などを記入する手帳。さらに、副作用やアレルギーの有無、過去にかかった病気、体調の変化まで控えておけます。出してもらった薬を過去に遡《さかのぼ》って確認できるので、薬が重複することもありません。

さらに、この手帳を持っていると、旅行や災害時など、急に具合が悪くなって病院に運ばれた時に、医師がその場で正確な薬情報を把握できるので、的確な処置が施しやすくなります。

以前は、「お薬手帳」を持っていくと料金がかかりましたが、2016年の「調剤報酬改定」で「お薬手帳」を持っていったほうが、料金が安くなるようになりました。

196ページで「かかりつけ医」を見つけておくことをおすすめしていますが、**薬も自分の「かかりつけ薬局」を決めて、そこで「お薬手帳」を出すと、1回40円ほど安くなります。**

ただし、門前薬局や大手ドラッグストアなど、特定の医療機関から出された処方箋を大量に受け付けている薬局では、料金が変わらないケースもあります。

アプリでも、「お薬管理」ができる

これまではバッグに入れて持ち歩いていた「お薬手帳」も、2016年の調剤報酬改定で、**「お薬手帳アプリ（電子お薬手帳）」**としてスマートフォンに入れて持ち歩けるようになっています。

「お薬手帳アプリ」では、従来の「お薬手帳」と同様に、処方された薬の情報が自動的に登録されます。

事前に処方箋を薬局に送信しておけば、待ち時間がなく薬を受け取れる「処方箋送信機能」、忘れがちな薬の服用時間を知らせてくれる「飲み忘れ防止アラーム」、健康管理のさまざまな情報を提供してくれるコンテンツなども搭載されています。

「飲み忘れ防止アラーム」があれば、物忘れが激しい方などが薬を飲み忘れても、介護者がアラームに気付いて飲ませることができます。

また、家族の薬情報を、１台のスマホで管理できるものも出てきています。紙の手帳と違って、薬のデータをサーバーで管理しているので、バックアップや機種変更、スマホの紛失の際にも対応できます。

Hiroko'sEye

お薬手帳は、薬を安く手に入れられるだけでなく、薬の管理、緊急時の状態把握などに役立つ優れもの。

病院選びのコツ

大病院には、いきなり行かない

「心配なので、できるだけ大きな病院の有名な先生に診てもらいたい」

病気になったら、誰もがそう思うことでしょう。

ただし、注意が必要です。

いきなり大病院に行くと、長時間待たされた挙句、ほんのわずかな時間しか診てもらえないことが往々にして起こります。

それだけでなく、**べらぼうに高い初診料を取られる**と思ったほうがいいでしょう。

ここでは病院選びのコツをお伝えします。

高額な選定療養費を取られる羽目に

大病院に行くと、次のような張り紙を見かけたことがありませんか？

「初診時に紹介状をお持ちでない患者様は、〝選定療養費〟として○○○○円をお支払いいただきます」

これは、**「紹介状なしに来たら、○○○○円を特別料金として上乗せして徴収する」**ということです。

この料金は病院によっても違いますが、初診の場合５０００円から１万円になることも。

２０１６年４月からは、大病院はこうした高額の選定療養費を取ることが義務づけられています。

４００床以上の大病院を対象に、継続的な診療の必要性を認めない患者が引き続き再診を希望した場合、２５００円以上を別途払わなくてはいけません（救急車で運ばれてきた方や、国や地方公共団体等の難病の適用を受けている人は対象外)。

まずは地域の病院に行く

いきなり大病院で診てもらうと、なぜこんなにお金がかかるのでしょうか。

それは、ささいな病気や怪我でも、すぐに大病院に行く人があとを絶たず、そのため重篤な患者さんをしっかり診られなくなっている状況があるからです。

では、どうするか。

病気や怪我をしたら、まずは地域の信頼できる医師に診てもらい、「もっと専門的な検査や治療が必要だ」と言われたら、その医師に紹介状を書いてもらって大病院へ行きましょう。これなら、選定療養費を払う必要はありません。

アメリカでは、ホームドクターという、「**かかりつけ医**」を決めている家庭が多くあります。

なぜなら、アメリカでは、誰もが日本のように病院で3割負担以下で診てもらえるわけではなく、全額が自己負担になるケースもあるからです。また医療費自体も高く、幾つも大病院をハシゴすると、それだけで医療費破綻してしまいます。

そこで、まず「かかりつけ医」であるホームドクターに診察してもらい、専門的な治療が必要なら、適切な病院を紹介してもらうシステムになっているのです。

日本では医療費が安いので、みんなが初めから大病院に行きたがりますが、高齢化社会を迎え、医療費がどんどん増大していく状況にあります。

政府としては、まずはアメリカのホームドクターのような「かかりつけ医」に診てもらい、必要に応じて大病院に行ってほしい。だから、いきなり大病院で診療してもらいたい人は高い選定療養費を払うように決められているのです。

「かかりつけ医」を持つメリット

「かかりつけ医」を見つけておくと、さまざまなメリットがあります。

前述のように、大病院でべらぼうに高い選定療養費を払わなくてもいいだけではなく、「かかりつけ医」の紹介状を持っていけば、診療が受けやすくなります。

なぜならこれまでの既往歴や「かかりつけ医」の見立てが紹介状に書かれているので、患者さんの状態を理解しやすく、検査の重複も少なくなります。

ちなみに、「かかりつけ医」に紹介状を書いてもらうには2500円ほどかかりますが、**この紹介状には公的保険が適用されます。3割負担だと自己負担は750円ほどです。**

Hiroko'sEye

いきなり大病院に行くと高くつく。まずは、近所の「かかりつけ医」に診てもらい、必要があれば、紹介状を書いてもらう。

診療時間

診療時間外は、割り増し料金がかかる

日本の病院は、病気の人を追い払ったりしません。

だからでしょうか。「少しくらい診療時間に遅れても大丈夫」と診療時間に遅刻する人がいます。

これは、もったいないです。

もちろん、病院は銀行とは違いますから、診療時間を1分でも過ぎたらシャッターがしまって入れなくなるなんてことはありません。表の看板に、診療時間は夜8時までと書いてあっても、8時を過ぎても診てくれるところがほとんどです。

けれど、**診療時間外に行くと、「時間外加算」を取られる可能性があるので。注意が必要です。**

病院の時間外加算は、意外と高い

病院によっては、深夜、土日祝祭日も開院しています。そのことが病院の看板やホームページに明記してあれば、深夜に受診しても「時間外加算」は発生しません。しかし、そうでなければ、**かなりの時間外加算が発生する可能性があります。**

特別な届けを出している病院でない限り、平日の診療時間は午前8時から午後6時、土曜日も診療しているところだと、午前8時から正午に限るケースが多いようです。平日の午前6時から8時、午後6時から10時は閉院します。また、年末年始を含む日曜・祝日は、休みという病院が多くなっています。

そういった時間に診療を受けると、**「時間外加算」「深夜加算」「休日加算」など別途料金が加算**されるのです（診療所の場合は、診察時間内でも夜間・早朝の加算がされる場合があります）。

次ページの表5－2は、時間外診療の加算額です（初診の場合。再診は金額がやや下

■5-2　時間外加算　初診の場合（6歳以上）

初診料	医科	2,820円
	歯科	2,340円

＋

加算	時間外（おおむね6時～8時・18時～22時）	一般	850円
		特例（救急病院など）	2,300円
	休日		2,500円
	深夜　22時～6時		4,800円

●支払額は自己負担割合によります。

出典：けんぽれん HP

がります）。

ただ、加算額を全額支払わなくてはいけないわけではありません。

健康保険が適用され、人によって金額が異なります。現役で働いている人だと自己負担３割というケースが多いので、初診での「深夜加算」が４８００円の場合、本人の負担は３割の１４４０円ということになります。

もちろん、病気は、都合よく診療時間内に発症するとは限らないので、夜中に急に心臓が痛んで、救急車で病院に運ばれることもあるでしょう。

救急車で運ばれるなどやむをえない場合は、「時間外加算」の対象にはなりません。逆に、

緊急性もないのに無闇に真夜中に診療してもらうと、診療費用のほかに、病院が独自で決めている特別料金を請求されることがあるので気をつけましょう。

この場合の特別料金は、健康保険の対象にはならず、全額自己負担になります。

「時間外加算」があるのは、病院だけではありません。

診療所は「時間外加算」が、調剤薬局は「夜間・休日等加算」があります。

調剤薬局は、病院での診察後に薬をもらいにくることを考慮し、病院の診療時間よりも1時間ほど遅く閉店するところが多いようです。

Hiroko'sEye

時間外診療の加算額はバカにならない。緊急時以外は、規定の診療時間内に病院に行くこと。

支払いのコツ

医療費は、クレジットカード払いでポイントが貯まる

病院への支払い額が多くなると、現金で一括払いができないという人もいることでしょう。けれど、**いまは国立大学病院をはじめとして、かなりの病院でクレジットカードが使えるようになっています。**

残念ながら、市立病院では、まだ使えないところも多いようです。カードが使えるかどうかは、各病院のホームページでチェックするか、カード会社で聞いて見ましょう。

意外に積極導入しているのが、歯科医院です。

なぜなら、インプラントの歯を１本入れると40万円前後で、数本入れれば１００万円を超えます。インプラントは自由診療なので、公的保険が使えません（「医療費控除」の対象にはなる）。

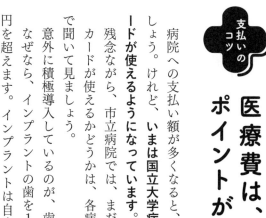

ですから、現金で支払うのが難しいという人が、クレジットカードで分割払いにしています。

医療費をクレジットカード払いにすると、ショッピングなどでカードを利用した時と同様に、**カードポイントが加算されます。貯まったポイントは、マイルや商品券に交換することができます。**

ただし、クレジットカードの利用手数料は、通常は利用した店がカード会社に払いますが、病院の場合には、これを病院側が負担するのではなく利用者が負担するところもあるので注意してください。

クレジットカードの手数料は3％前後の会社が多いので、手数料が加算されたポイントを上回る出費になる場合は気をつけて！

Hiroko'sEye

医療費はクレジットカードを使えば、ポイントが加算されお得になる。

医療費控除

払いすぎの医療費を取り戻す！

医療機関に支払った医療費の合計額から保険金などで補てんされる金額を差し引いた金額が年間10万円（所得等が２００万円未満ならその所得等の５％）以上の場合は、確定申告をすれば、払いすぎの医療費が戻ってきます。

10万円というとハードルが高い気がしますが、この中には、薬局で買った風邪薬や胃腸薬など、市販の薬も含まれます。

ただし、**インフルエンザの予防注射などは、病気の治療ではなく予防なので、「医療費控除」の対象とはなりません。**また、人間ドックは、検診の結果病気が見つかって治療を始めたら対象になりますが、いたって健康だったという場合には、「医療費控除」の対象にはなりません。

歯の矯正も、歯並びを治すために行なうのは美容整形とみなされるので対象外ですが、発育盛りの子どもの歯は、噛み合わせが悪いと発育の阻害要因になるので、治療は「医療費控除」の対象となります。

温泉も、「医療費控除」の対象に？

温泉やジムは、健康増進にあたるので基本的には「医療費控除」の対象にはなりませんが、**厚生労働省が提示する一定条件を満たした施設なら、利用料が「医療費控除」の対象**になります。

厚生労働省は、トレーニングジムや運動フロア、プールなどがある施設や刺激の強い浴槽、弱い浴槽などが組み合わされた温泉施設、またはその両方の要素がある施設を「健康増進施設認定制度」で認定しています。こうした施設は「医療費控除」の対象になります（資格を持ったスタッフが指導し、医療機関と提携するなど、細かな規定がある）。

現在、こうした施設は全国に800ヶ所近くあります。医師から「温泉療養指示書」をもらい、指示書に従って温泉治療をすれば、確定申告に必要な「領収書」と「温泉療養証明書」を発行してもらえます。施設の利用料だけでなく交通費も医療費控除の対象となります（宿泊費や食事代などは、医療費控除の対象外）。

家族の医療費は、合算できる

「医療費控除」は、生計を共にしている家族なら、医療費を合算して確定申告することができます。

ひとり暮らしの学生や単身赴任の夫の医療費も合算できます。

たとえば、夫が３万円、妻が５万円、２人の子どもがそれぞれ３万円の医療費を年間に使ったとすれば、合計14万円になります。ここから10万円を引いた残りの４万円が医療費控除の対象となります。

また、田舎で暮らすリタイアしたご両親でも、仕送りをしていれば生計が同じ家族とみなされるので、医療費を合算して申告できます。

一番稼いでいる人が、まとめて申告する

共働き夫婦でそれぞれ税金を納めているという方や、同居している子どもたちも働いて税金を支払っているご家庭なら、**最も税率が高い方が家族の医療費を合算して申請する**といいでしょう。還付額が多くなるからです。

医療費控除の還付額は、払っている税率によって変わります。

たとえば、4万円の医療費控除を確定申告した場合、稼ぎ手の夫の所得税率が10%なら4000円、20%なら8000円、30%なら1万2000円の所得税が戻ってきます。

また、所得税だけでなく住民税も安くなります。住民税は還付ではありませんが、一律10%なので4万円なら4000円分の税金が安くなります。

ただし、ご主人の所得税率がどれだけ高くても、税金は、支払っている範囲内でしか還付されません。もし、ご主人が住宅ローン控除やふるさと納税でたくさん還付を

受けていると、「医療費控除」の戻りが少なくなることも。

その場合、共働きで奥さんも納税しているなら、奥さんが「医療費控除」を確定申告してまるまる還付を受けるなどの工夫も必要でしょう。

「スイッチOTC薬」は年1万2000円以上が対象

２０１７年１月からは、**「セルフメディケーション税制」**が始まっています。

いままで病院で処方されていた薬で、市販薬に切り替えられた薬が対象。一般の薬局でも売れるように切り替えられた（＝スイッチされた）ので「スイッチＯＴＣ（オーバー・ザ・カウンター）薬」と言います。

西村雅彦さんや濱田岳《はまだがく》さんのテレビＣＭでもおなじみの胃腸薬「ガスター10」なども、「スイッチＯＴＣ薬」の一種です。

この**「スイッチOTC薬」の購入額が、家族で1年に1万2000円を超えたら、超えた額が「医療費控除」の対象になります。**

たとえば、所得税率20％の方が、家族で対象となる医薬品を年間3万円分購入したとします。これしか医療費がなかったとすると、従来の医療費控除では10万円以上が対象なので税金は戻ってきません。

けれど、「セルフメディケーション税制」なら1万2000円を超えた額が対象となるので、3万円から1万2000円を差し引いた1万8000円が控除対象となります。所得税率が20％の人なら所得税が3600円、住民税（10％）が1800円安くなるので、5400円の節税効果があります。

ただし、確定申告では、通常の「医療費控除」か「セルフメディケーション税制」か、どちらか一方しか申告できませんから、どちらを使えばより税金が戻るかを計算してから申請しましょう。

スマホで確定申告も

確定申告の書類作成にあたっては、書き方がわからないという人向けに、確定申告の時期は税務所も人員を増やして、親切に対応してくれます。出張所を開設しているところもあります。

また、いまはインターネットで手順を踏み、**必要な事柄をインプットすれば、確定申告用紙に書き込まれた状態で書類が簡単に作成できるようになっています。**これをプリントアウトして郵送するだけでいいのです。

最近は、わざわざ郵送しなくても、インターネットで送れるようになっています。

これを「**e－Tax**」と言います。

昨年までは「e－Tax」を使うには、マイナンバーカードとそれを読み取るカードリーダーが必要でした。しかも、カードリーダーは自分で購入しなくてはならなかったので費用もかかりましたが、２０１９年からは、その煩《わずら》わしさが解消されています。カードリーダーのかわりに、マイナンバーカード対応のスマートフォンが利用できるようになったのです。

また、マイナンバーカードとカードリーダーがなくても、あらかじめ運転免許証や保険証などを提示して、税務署で職員と対面して本人確認をしてもらえれば、ＩＤとパスワードが発行され、このIDとパスワードを使うことで「e－Tax」が利用できます。
このIDとパスワードを使って、スマートフォンでも確定申告ができます。ただし、スマホで確定申告ができる方は、まだ限定的です。これまでは副業などのない会社員で、年末調整済みの方、かつ、会社からの給料以外に収入がない方が、医療費や寄附金の控除申告を行なう際に限られていましたが、2020年1月から、給与が複数ある方や公的年金などの雑所得がある方など範囲が広がっています。詳しくは国税庁HPでご確認ください。

Hiroko'sEye

年間10万円以上の医療費は控除の対象になるので、積極的に活用したい。確定申告はインターネットでも（限定的ですがスマホでも）できる。

退職後の保険

会社を辞めたら、「健康保険」はどうなるか？

早期退職、リストラ、定年退職など、さまざまな理由で会社を辞める人がいます。でも、会社を辞めたら、それまで加入していた会社の「健康保険」はどうなるのでしょうか？

会社を辞めた後の公的保険は、次の４つから選べます。

①辞めた会社の「健康保険」に任意継続で加入する
②会社員の家族の「健康保険」に入る
③「国民健康保険」に加入する
④特別健康保険組合の特例退職被保険者になる

では、まず①の『健康保険』に任意継続で加入する」から見てみましょう。

代替案①　辞めた会社の「健康保険」に任意継続で加入する

会社の「健康保険」に2ヶ月以上加入していた人は、会社を辞めたり、リストラされても、**最長2年間は、引き続き会社の「健康保険」に加入し続けることができます。**

会社員の健康保険は、自営業者の「国民健康保険」に加入している人よりも、保障が手厚くなっています。

財政面で豊かな健康保険組合だと、病気になっても自己負担が少なくてすんだり、様々な給付などのメリットが付く場合もあります。

デメリットとしては、在職中の「健康保険」の保険料は、会社が半分出してくれる労使折半だったので自己負担は半額でしたが、「任意継続」になると、全額自己負担に変わります。

ただし、**専業主婦の奥さんや子どもなど扶養家族がいれば、保険料の負担なしで一緒に同じ保険に入れます**（保険料を計算するもとになる標準報酬月額には上限額があり、退職時の平均給料が30万円を超えていた場合は、30万円に対して保険料率を掛けた保険料になる）。

退職前に病気や怪我の治療をしていて、それがしばらく続きそうな人は、「任意継続」で加入するほうがいいかもしれません。

代替案②　会社員の家族の「健康保険」に入る

②の「会社員の家族の『健康保険』に入る」のは、保険料の負担がないという意味では、かなり楽になります。定年後の方にはとくにおすすめです。

自分が75歳未満で、一緒に暮らす家族、もしくは仕送りをしている家族が「健康保険」に加入して入れれば、自分の年収次第では、その家族の「健康保険」に加入できます。

たとえ離れて暮らしていても、親が子どもの「健康保険」に加入できるのです。この場合、家族の扶養親族となるので、保険料の自己負担はありません。また、それによって子どもの健康保険料が上がることもないのです。

ただし、親が子どもに養われていることを証明しなくてはなりません。**60歳以上なら、年収が180万円未満で、かつ子どもからの仕送り額より少ないことが条件。誰もが使える制度ではないので注意が必要です。**

もう1つ、パートの奥さんの扶養家族になるという方法もあります。

現在、**従業員数501人以上の会社に属し、月に8万8000円以上稼いでいると、パートの妻でも会社の「健康保険」に加入しなくてはなりません。**

じつは、この上限が5万8000円に引き下げられる予定で、しかもすべての会社に適用される可能性が出てきました。

そうなると、パートに出ている奥さんのほとんどは「健康保険」に加入することになりそうです。ご主人は、60歳以上なら年収180万円未満、59歳以下なら年収13

0万円未満なら、奥さんの「健康保険」に加入できます。

代替案③ 「国民健康保険」に加入する

①と②は、条件が厳しいという人でも、③の「『国民健康保険』に加入する」は誰でもできます。

ただし、いくつか注意点があります。

会社を辞めてすぐに「国民健康保険」に加入すると、保険料が高くなるかもしれません。「国民健康保険」は前年の収入を基準に決まるので、会社に勤めていた頃の高い年収で計算されてしまうからです。

この場合は、「任意継続」と保険料を比べて、有利なほうを選べばいいでしょう。

また、自治体によって財政面で格差がありますが、**財政状況の厳しい自治体のほうが保険料は高くなりやすいので注意が必要です。**

もう1つ、「健康保険」とは異なり、「国民健康保険」には、所得に応じて決まる

「所得割」と、家族の人数に応じた「均等割」があるので、たとえ家族に収入がなくても、人数に応じた保険料は支払わなくてはなりません。

そして**「国民健康保険」に加入するなら、他の保険を辞めてから14日以内に必ず手続きをすること。**手続きが遅れると、その期間は無保険ということになりかねません。

急な病気や怪我の際に、無保険だったら、それこそ莫大《ばくだい》な医療費がかかってしまいます。

代替案④
特別健康保険組合の特例退職被保険者になる

④の「特別健康保険組合の特例退職被保険者になる」というのは、かなりレアなケースかもしれません。

大企業などの財政豊かな健康保険組合では、**「特例退職被保険者制度」**という「健康保険」を退職者向けに独自に運営しているところがあります。

「特例退職被保険者制度」の魅力は、**「国民健康保険」では受けられない「傷病手当金」や「出産手当金」など、会社の健康保険ならではの制度が使える**ケースもあることでしょう。

加入条件は、健康保険組合に20年以上加入しているなど、会社によって異なります。また、老齢厚生年金の受給が条件で、保険料は「国民年金保険」に加入するよりも割安になるケースが多いです。

ただし、退職して2、3年すると、収入が年金だけになるという人もいて、収入が下がれば、「国民健康保険」の保険料のほうが安くなるという逆転現象も生まれる可能性があります。

Hiroko'sEye

会社を退職後も、任意継続や家族の保険に入るなど、「健康保険」と同等のサービスを享受できる。

おわりに

いかがだったでしょうか。

難解だと思っていた保険の用語や、曖昧なままにしていた公的制度がよく理解できたのではないかと思います。

保険会社のパンフレットや、会社や公的機関の案内はほんとうにわかりにくいです。理解できない時は、本書を何度も読み返して、基本を押さえるようにしましょう。


それでも、病気や怪我に遭ったり、介護が必要になったら、お金が必要です。治療や介護で、まったくお金がかからないという状況はまずありえません。

そこで、普段から健康に留意して過ごし、病気になりにくい元気な体を維持しておく必要があるでしょう。

たとえば、お近くの公共施設には、たいてい無料（あるいは安価）のスポーツジムがあるはずです。そこで、週に数回汗を流すだけでも、健康効果があるでしょう。

ストレス解消も重要です。休日は家で休息するのはいいですが、スマホやテレビを観て1日が終わるというのは避けましょう。

なるべく自炊をして手を動かしたり、カラオケなどでお腹から声を出すだけでも、うつ病の防止になります。

これだけ気をつけていて、病気や怪我に遭ったら、諦めて保険や制度を利用すればよいのです。そのための知識と知恵を、本書には盛り込みました。

人生100年時代、定年後のあなたの身には何が起こるかわかりません。

また、本書で解説したさまざまな保険商品、さらには数多くの公的制度も、毎年のように改正が繰り返されています。これらの情報収集を怠ることなく、万全の準備と心構えで老後を迎えるようにしましょう。

『年金だけでも暮らせます』と同様、本書もＰＨＰ研究所の大隅元《げん》副編集長に企画・編集いただき、たいへんお世話になりました。

本書を読んで、令和の時代を元気に楽しむ日本人が増えることを心から願っております。

PHP新書
PHP INTERFACE
https://www.php.co.jp/

荻原博子［おぎわら・ひろこ］

1954年、長野県生まれ。経済ジャーナリスト。大学卒業後、経済事務所勤務を経て独立。経済の仕組みを生活に根ざして解説する、家計経済のパイオニアとして活躍。著書に『払ってはいけない』(新潮新書)、『老前破産』(朝日新書)、『年金だけでも暮らせます』(PHP新書)など多数。

保険ぎらい

「人生最大の資産リスク」対策

PHP新書 1211

二〇二〇年一月二十九日　第一版第一刷

著者――荻原博子
発行者――後藤淳一
発行所――株式会社PHP研究所
東京本部――〒135-8137 江東区豊洲5-6-52
第一制作部PHP新書課 ☎03-3520-9615(編集)
普及部 ☎03-3520-9630(販売)
京都本部――〒601-8411 京都市南区西九条北ノ内町11
組版――株式会社PHPエディターズ・グループ
装幀者――芦澤泰偉＋児崎雅淑
印刷所
製本所――図書印刷株式会社

©Ogiwara Hiroko 2020 Printed in Japan
ISBN978-4-569-84590-6
※本書の無断複製(コピー・スキャン・デジタル化等)は著作権法で認められた場合を除き、禁じられています。また、本書を代行業者等に依頼してスキャンやデジタル化することは、いかなる場合でも認められておりません。
※落丁・乱丁本の場合は、弊社制作管理部(☎03-3520-9626)へご連絡ください。送料は弊社負担にて、お取り替えいたします。

PHP新書刊行にあたって

「繁栄を通じて平和と幸福を」(PEACE and HAPPINESS through PROSPERITY)の願いのもと、PHP研究所が創設されて今年で五十周年を迎えます。その歩みは、日本人が先の戦争を乗り越え、並々ならぬ努力を続けて、今日の繁栄を築き上げてきた軌跡に重なります。

しかし、平和で豊かな生活を手にした現在、多くの日本人は、自分が何のために生きているのか、どのように生きていきたいのかを、見失いつつあるように思われます。そして、その間にも、日本国内や世界のみならず地球規模での大きな変化が日々生起し、解決すべき問題となって私たちのもとに押し寄せてきます。

このような時代に人生の確かな価値を見出し、生きる喜びに満ちあふれた社会を実現するために、いま何が求められているのでしょうか。それは、先達が培ってきた知恵を紡ぎ直すこと、その上で自分たち一人一人がおかれた現実と進むべき未来について丹念に考えていくこと以外にはありません。

その営みは、単なる知識に終わらない深い思索へ、そしてよく生きるための哲学への旅でもあります。弊所が創設五十周年を迎えましたのを機に、PHP新書を創刊し、この新たな旅を読者と共に歩んでいきたいと思っています。多くの読者の共感と支援を心よりお願いいたします。

一九九六年十月

PHP研究所